Gestion

Collection dirigée par Jean-Pierre Helfer et Jacques Orsoni

Stéphanie Chatelain-Ponroy
Maître de conférences au Conservatoire national des arts et métiers

Avec le concours de :

Alain BURLAUD
Professeur au Conservatoire national des arts et métiers

Claude SIMON
Professeur à l'ESCP

Comptabilité de gestion

QCM et applications

2e édition

vuibert

ISBN 2 7117 7577 1

Avant-propos

Cet ouvrage d'exercices s'adresse aux étudiants en formation initiale (MSG, AES, MSTCF, haut enseignement commercial, etc.) ainsi qu'aux cadres en formation continue. Il permet un entraînement individuel et concret afin de faciliter la mise en pratique des connaissances acquises ou peut être utilisé comme un outil d'entraînement aux examens.

Les auteurs ont voulu que cet ouvrage aide les étudiants à passer de la théorie des manuels et des cours à la pratique des cas en développant deux aspects majeurs de la comptabilité de gestion :

– la maîtrise technique des outils et des concepts ;

– la réflexion et l'utilisation de ces outils et concepts dans une optique opérationnelle.

Chaque chapitre est introduit par un **QCM d'évaluation** qui permet aux étudiants de vérifier leurs connaissances théoriques sur les sujets abordés. Les réponses détaillées aux QCM fournissent un rappel des principaux concepts mobilisés ainsi qu'une révision du cours. Les applications conduisent quant à elles à la maîtrise des points essentiels du chapitre en mettant en application les connaissances. Tous les exercices donnent lieu à des **corrigés précis** faisant le lien entre les connaissances théoriques et leur mise en pratique.

Cet ouvrage est le complément du manuel de Alain BURLAUD et Claude SIMON, *Comptabilité de gestion* (2e édition), Vuibert, 2000. Pour faciliter l'approfondissement et la révision des notions abordées, de nombreux renvois à cet ouvrage sont proposés.

CHAPITRE I

Définition d'une politique de prix

La fixation du prix de vente des biens ou services qu'elle offre, première préoccupation d'une organisation, est liée à la connaissance et au calcul des coûts de ces biens ou services. Plusieurs méthodes permettent d'atteindre cet objectif. Elles dépendent du type d'informations dont l'organisation a besoin et relèvent de deux grandes logiques :

– **une logique de coût complet** illustrée ici par la méthode des sections homogènes. D'autres méthodes, telle celle des coûts d'activité (ABC), contribuent également à la définition d'une politique de prix : elles sont étudiées dans le chapitre 3 qui traite de la mise sous tension de l'organisation ;

– **une logique de coûts partiels** correspondant plus particulièrement au *direct costing* (coût variable), au coût spécifique ou encore au coût marginal.

Un QCM d'évaluation vous amène à vérifier vos connaissances théoriques sur les sujets abordés ; les exercices vous permettent de maîtriser les points essentiels de ce chapitre.

Le garage Koumac et *l'entreprise Ouvéa* constituent un entraînement à la réalisation d'une répartition secondaire des charges indirectes.

Le voyage en Guyane pose la question de la valorisation des stocks.

L'entreprise Zedlyse et *la cafétéria de l'École des affaires* demandent de calculer des coûts complets selon la méthode des centres d'analyse.

La scierie Mae Nam vous conduit à calculer un coût complet avec encours, produit résiduel et déchet.

Monsieur Kourou vous permet d'analyser la nature des charges.

Les entreprises Suthep vous invitent à utiliser le modèle coût/volume/profit pour approcher la notion de risque.

L'entreprise Ocotal, la société Abysse, l'entreprise Williamson, le nouveau percolateur et *Maré* vous conduisent à vous interroger sur les questions liées au volume d'activité.
Le marché supplémentaire, la société Maroni et *l'entreprise Brasilito* vous font travailler sur les notions de coûts marginaux.
L'entreprise Phitsanulok vous permet d'élaborer et d'utiliser un tableau des entrées-sorties.

QCM

Remarque : pour chacune des questions suivantes, plusieurs propositions peuvent être vraies ou partiellement vraies, il peut également arriver qu'aucune des réponses proposées ne convienne (ARNC : « **a**ucune **r**éponse **n**e **c**onvient »).

1. Les charges non incorporables sont :
- ❏ Des charges qui existent en comptabilité générale mais qui sont exclues de la comptabilité de gestion.
- ❏ Des charges qui n'existent pas en comptabilité générale mais qui sont incluses dans la comptabilité de gestion.
- ❏ Des charges qui existent en comptabilité générale et en comptabilité de gestion mais qui ne sont pas imputées aux produits.
- ❏ ARNC.

2. Dans la méthode des sections homogènes, la répartition primaire est :
- ❏ L'attribution des charges indirectes aux centres d'analyse.
- ❏ L'attribution des charges directes aux centres d'analyse.
- ❏ La cession des charges des centres auxiliaires aux centres principaux.
- ❏ ARNC.

3. Le coût direct mixte (*direct costing* évolué) est la somme :
- ❏ Des charges variables et des charges indirectes fixes.
- ❏ Des charges variables et des charges directes fixes.
- ❏ Des charges directes et des charges indirectes variables.
- ❏ ARNC.

4. Le seuil de rentabilité est :
- ❏ Le chiffre d'affaires pour lequel l'entreprise ne réalise ni perte, ni profit.
- ❏ La date à laquelle l'entreprise ne réalise ni perte, ni profit.
- ❏ Le nombre de produits vendus pour lequel l'entreprise ne réalise ni perte, ni profit.
- ❏ ARNC.

5. Le seuil de rentabilité est donné par la formule :
- ❏ Marge sur coût variable = chiffre d'affaires.
- ❏ Marge sur coût variable = frais fixes.
- ❏ Chiffre d'affaires = frais fixes.
- ❏ ARNC.

6. Le terme anglais *direct costing* signifie :
- ❏ Coût direct.
- ❏ Coût spécifique.
- ❏ Coût variable.
- ❏ ARNC.

7. Les frais de télécommunications du service GRH sont des charges :
- ❏ Variables.

❏ Fixes.
❏ Semi-variables.
❏ ARNC.

8. La rémunération d'un VRP qui vend plusieurs produits et qui est payé uniquement à la commission est une charge :
❏ Directe / variable.
❏ Directe / fixe.
❏ Indirecte / variable.
❏ Indirecte / fixe.
❏ ARNC.

9. La rémunération d'un VRP qui vend plusieurs produits et qui est payé par un salaire fixe et des commissions est une charge :
❏ Directe / variable.
❏ Directe / fixe.
❏ Indirecte / variable.
❏ Indirecte / fixe.
❏ ARNC.

10. Les charges variables sont supposées proportionnelles au chiffre d'affaires. C'est une hypothèse simplificatrice ; en réalité, et dans la plupart des cas, les charges variables connaissent :
❏ Une croissance par « paliers ».
❏ Une phase de rendements croissants, une phase de rendements constants puis une phase de rendements décroissants.
❏ Une phase de rendements décroissants, une phase de rendements constants puis une phase de rendements croissants.
❏ ARNC.

11. Le coût différentiel est défini comme :
❏ L'augmentation des coûts liée au seul accroissement de la capacité de production.
❏ Le coût de la dernière unité produite.
❏ Le coût du dernier lot ou de la dernière série produite.
❏ ARNC.

12. Un budget flexible est un budget :
❏ Établi en fonction de plusieurs hypothèses de niveau d'activité.
❏ N'incluant que des charges variables.
❏ Variable en fonction de l'évolution des prix.
❏ ARNC.

13. Les charges communes de l'usine sont :
❏ Des charges directes.
❏ Des charges variables ou fixes selon le cas.
❏ Des charges fixes.
❏ Un regroupement de tous les salaires de l'usine.
❏ ARNC.

14. Le coût de l'assurance incendie de l'usine est généralement :
- ❑ Exclu du coût direct de production.
- ❑ Un coût semi-variable.
- ❑ Une charge directe.
- ❑ Un coût discrétionnaire.
- ❑ ARNC.

15. Le budget flexible est un outil :
- ❑ Peu approprié lorsque les charges varient en fonction du volume d'activité.
- ❑ Adapté quel que soit le niveau d'activité.
- ❑ Utile pour le contrôle des charges communes de l'usine mais pas pour celui des charges directes.
- ❑ Utile pour le contrôle des charges directes de l'usine mais pas pour celui des charges communes.
- ❑ ARNC.

16. La valorisation des stocks au coût variable de préférence au coût complet augmente le résultat d'exploitation lorsque :
- ❑ Le stock initial = le stock final.
- ❑ Le stock initial < le stock final.
- ❑ Le stock initial > le stock final.
- ❑ ARNC.

17. Comment faut-il utiliser les éléments suivants pour le calcul du point mort ?

	Coûts fixes	Marge sur coût variable par unité
❑	Dénominateur	Numérateur
❑	Dénominateur	N'est pas utilisée
❑	Numérateur	N'est pas utilisée
❑	Numérateur	Dénominateur
❑	ARNC	

18. Le modèle du point mort suppose que :
- ❑ Le coût total est constant.
- ❑ Le prix de vente unitaire est constant.
- ❑ Les coûts variables unitaires changent.
- ❑ Les coûts fixes totaux changent.
- ❑ ARNC.

19. Le taux de contribution à la couverture des charges de structure augmente lorsque :
- ❑ Le point mort augmente.
- ❑ Le point mort diminue.
- ❑ Les charges variables en pourcentage du prix de vente diminuent.
- ❑ Les charges variables en pourcentage du prix de vente augmentent.
- ❑ ARNC.

20. Pour calculer le point mort en francs de chiffre d'affaires, le coût fixe total est divisé par :

- ❑ Le coût variable par unité.
- ❑ Le coût variable par unité / le prix de vente unitaire.
- ❑ Le coût fixe par unité.
- ❑ (prix de vente unitaire – coût variable unitaire) / prix de vente unitaire.
- ❑ ARNC.

Éléments de corrigé

1. Les charges non incorporables sont **des charges qui existent en comptabilité générale mais qui sont exclues de la comptabilité de gestion**. Les charges qui n'existent pas en comptabilité générale mais qui sont incluses dans la comptabilité de gestion sont les charges supplétives.
Éléments de révision : Comptabilité de gestion. *Chapitre 1, section 1, paragraphe 2.*

2. Dans la méthode des sections homogènes, la répartition primaire est **l'attribution des charges indirectes aux centres d'analyse**. Les charges directes ne transitent pas par les centres d'analyse. Quant à la cession des charges des centres auxiliaires aux centres principaux, c'est la répartition secondaire.
Éléments de révision : Comptabilité de gestion. *Chapitre 1, section 1, paragraphes 2 et 3.*

3. Le coût direct mixte (*direct costing* évolué) est **la somme des charges variables** (1 et 3) **et des charges directes fixes** (4) mais aussi celle **des charges directes** (1 et 4) **et des charges indirectes variables** (3).

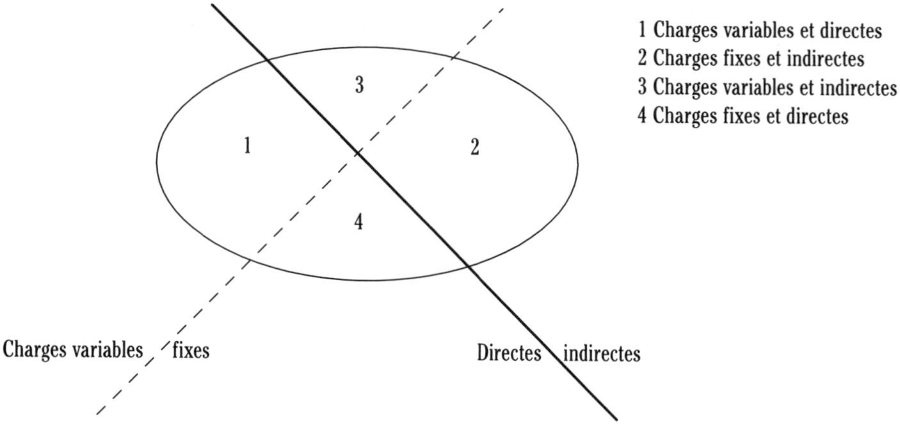

Éléments de révision : Comptabilité de gestion. *Chapitre 1, section 2, paragraphe 2.*

4. Le seuil de rentabilité est avant tout **le chiffre d'affaires** pour lequel l'entreprise ne réalise ni perte, ni profit. Il peut cependant être utilisé pour déterminer la date à laquelle l'entreprise ne réalise ni perte, ni profit ou encore le nombre de produits vendus pour lequel l'entreprise ne réalise ni perte, ni profit.
Éléments de révision : Comptabilité de gestion. *Chapitre 1, section 2, paragraphe 2.*

5. Le seuil de rentabilité est donné par la formule **marge sur coût variable = frais fixes**.

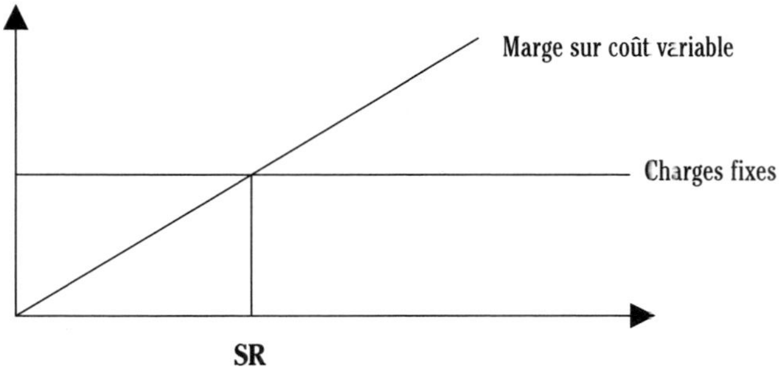

Mais aussi : chiffre d'affaires = charges totales.

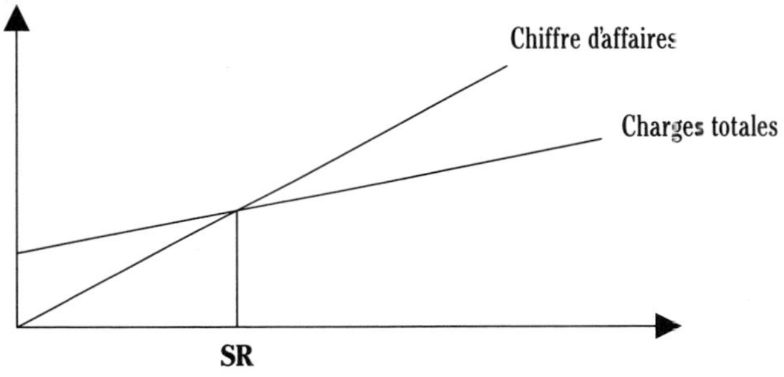

Ou encore : résultat = 0.

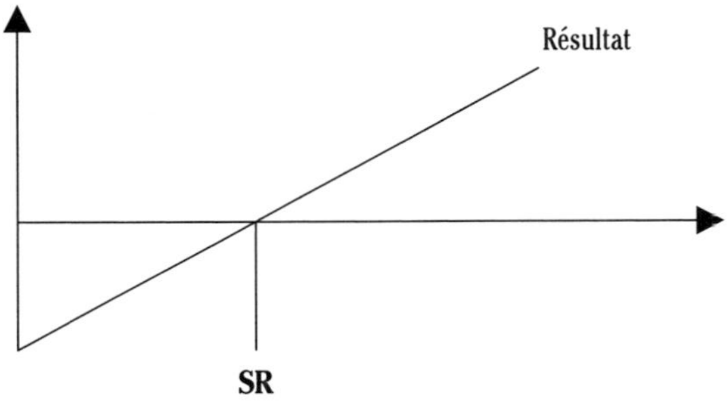

Éléments de révision : Comptabilité de gestion. *Chapitre 1, section 2, paragraphe 2.*

6. Le terme anglais *direct costing* est un faux ami ; il signifie **coût variable**.
Éléments de révision : Comptabilité de gestion. *Chapitre 1, section 2, paragraphe 2.*

7. Les frais de télécommunications du service GRH sont des charges **semi-variables** puisqu'elles comportent une partie fixe (l'abonnement) et une partie variable (les consommations).
Éléments de révision : Comptabilité de gestion. *Chapitre 1, section 2, paragraphe 2.*

8. La rémunération d'un VRP qui vend plusieurs produits et qui est payé uniquement à la commission est **une charge à la fois indirecte** (elle concerne plusieurs produits) **et variable** (elle varie avec le chiffre d'affaires).
Éléments de révision : Comptabilité de gestion. *Chapitre 1, section 2, paragraphe 2.*

9. La rémunération d'un VRP qui vend plusieurs produits et qui est payé par un salaire fixe et des commissions est une charge à la fois indirecte (elle concerne plusieurs produits) et semi-variable

(elle comporte une partie fixe et une partie variable). Donc **aucune réponse ne convient.**
Éléments de révision: Comptabilité de gestion. *Chapitre 1, section 2, paragraphe 2.*

10. Les charges variables sont supposées proportionnelles au chiffre d'affaires. C'est une hypothèse simplificatrice. En réalité, et dans la plupart des cas, les charges variables connaissent **une phase de rendements croissants** (économies d'échelle, phénomènes d'apprentissage), **une phase de rendements constants puis une phase de rendements décroissants** (fatigue des hommes et des machines).
Éléments de révision: Comptabilité de gestion. *Chapitre 1, section 2, paragraphe 2 et chapitre 2, section 1, paragraphe 1.*

11. Le coût différentiel est défini comme **le coût du dernier lot ou de la dernière série produite**. Le coût de la dernière unité produite est le coût marginal, plus utile aux économistes qu'aux gestionnaires.
Éléments de révision: Comptabilité de gestion. *Chapitre 1, section 2, paragraphe 2.*

12. Un budget flexible est un budget **établi en fonction de plusieurs hypothèses de niveau d'activité.**
Éléments de révision: Comptabilité de gestion. *Chapitre 1, section 2, paragraphe 2.*

13. Les charges communes de l'usine sont **des charges variables ou fixes selon le cas.** Certaines sont variables (électricité, etc.), d'autres sont fixes (amortissement du capital technique, etc.).
Éléments de révision: Comptabilité de gestion. *Chapitre 1, section 2, paragraphe 2.*

14. Le coût de l'assurance incendie de l'usine **est exclu du coût direct de production** car il concerne en général plusieurs produits.
Éléments de révision: Comptabilité de gestion. *Chapitre 1, section 2, paragraphe 2.*

15. Le budget flexible est **un outil adapté quel que soit le niveau d'activité** puisque c'est une déclinaison du budget normal en fonction des variations d'activité.
Éléments de révision: Comptabilité de gestion. *Chapitre 1, section 2, paragraphe 2.*

16. La valorisation des stocks au coût variable de préférence au coût complet augmente le résultat d'exploitation **lorsque le stock initial est supérieur au stock final.** Si le stock initial est supérieur au stock final, les charges de l'exercice sont augmentées de ce déstockage ; dans le cas d'une valorisation des stocks au coût variable, cette augmentation des charges est moindre par rapport à une valorisation en coût complet.
Éléments de révision: Comptabilité de gestion. *Chapitre 1, section 2, paragraphe 2.*

17. Point mort = **coûts fixes / marge sur coût variable par unité.**
Éléments de révision: Comptabilité de gestion. *Chapitre 1, section 2, paragraphe 2.*

18. Le modèle du point mort suppose que **le prix de vente unitaire est constant.** Si le coût total unitaire était constant, alors il n'y aurait que des charges variables et la question de la couverture des charges de structure ne se poserait pas. Si les coûts variables unitaires changeaient, alors la marge sur coût variable changerait et on ne pourrait poser « coûts fixes / marge sur coût variable unitaire ». Il en est de même si les coûts fixes totaux changent.
Éléments de révision: Comptabilité de gestion. *Chapitre 1, section 2, paragraphe 2.*

19. Le taux de contribution à la couverture des charges de structure augmente lorsque **les charges variables en pourcentage du prix de vente diminuent** car alors la marge sur coût variable augmente, et par là même, le taux de contribution à la couverture des charges de structure augmente aussi.
Éléments de révision: Comptabilité de gestion. *Chapitre 1, section 2, paragraphe 2.*

20. Pour calculer le point mort en francs de chiffre d'affaires, le coût fixe total est divisé par **(prix de vente unitaire - coût variable unitaire) / prix de vente unitaire** ; autrement dit, le coût fixe total est divisé par le taux de marge sur coût variable.
Éléments de révision: Comptabilité de gestion. *Chapitre 1, section 2, paragraphe 2.*

APPLICATIONS

Le garage Koumac

Vous êtes chargé de la mise en place du contrôle de gestion dans le garage Koumac, concessionnaire de la marque R. Le préalable est bien sûr de définir les besoins d'information aux différents niveaux de responsabilité. Vous en concluez qu'il faut organiser un système de comptabilité de gestion qui distingue trois types d'activité clientèle :

1. vente de véhicules neufs et d'occasion ;
2. réparation mécanique ;
3. tôlerie, peinture.

À cela, il faut ajouter les activités générales qui sont regroupées en deux centres d'analyse :

1. administration (comptabilité, finance, GRH, direction générale, etc.) ;
2. bâtiments (amortissement, entretien, assurance, chauffage, etc.).

Votre première mission est la répartition des charges indirectes. Pour cela, vous complétez le tableau ci-dessous relatif à un mois normal et vous calculez le coût des unités d'œuvre. (Ne pas tenir compte des centimes.)

	Administration	Bâtiments	Vente	Mécanique	Tôlerie
Totaux primaires	50 000	20 000	40 000	50 000	30 000
Administration Bâtiments	 30 %	10 %	20 % 30 %	40 % 20 %	30 % 20 %
Totaux secondaires					
Nature des unités d'œuvre Nombre d'unités d'œuvre Coût de l'unité d'œuvre			1 véhicule 20	1 h MOD 400	1 h MOD 200

Éléments de corrigé

Les éléments en gras sont issus de l'énoncé. Tous les autres éléments sont calculés.

X = 50 000 + 0,3 Y

Y = 20 000 + 0,1 X

D'où Y = 25 773.

X = 57 732.

	Administration	**Bâtiments**	**Vente**	**Mécanique**	**Tôlerie**
Totaux primaires	**50 000**	**20 000**	**40 000**	**50 000**	**30 000**
Administration	– 57 732	5 773	11 546	23 093	17 320
Bâtiments	7 732	– 25 773	7 732	5 155	5 155
Totaux secondaires	0	0	59 278	78 247	52 474
Nature des unités d'œuvre			**1 véhicule**	**1 h MOD**	**1 h MOD**
Nombre d'unités d'œuvre			**20**	**400**	**200**
Coût de l'unité d'œuvre			2 964	196	262

Vous trouverez des éléments de révision sur les cessions de prestations réciproques entre centres d'analyse dans l'ouvrage Comptabilité de gestion, *chapitre 1, section 1, paragraphes 2 et 3.*

L'entreprise Ouvéa

L'entreprise Ouvéa vous communique un extrait de son tableau de répartition primaire.

	Centres auxiliaires			Centres principaux			
	Prestations connexes	Gestion du matériel	Gestion des bâtiments	Approvisionnement	Atelier 1	Atelier 2	Distribution
Totaux primaires	960	104	3 704	2 560	3 256	2 786	1 432

La répartition des centres auxiliaires doit être réalisée selon les clés suivantes.

	Centres auxiliaires			Centres principaux			
	Prestations connexes	Gestion du matériel	Gestion des bâtiments	Approvisionnement	Atelier 1	Atelier 2	Distribution
Prestations connexes		2	2	3	5	5	3
Gestion du matériel			1		2	2	
Gestion des bâtiments		1		1	1	1	1

Quels sont les totaux secondaires des centres principaux ?

Éléments de corrigé

Les éléments en gras sont issus de l'énoncé. Tous les autres éléments sont calculés.

	Centres auxiliaires			Centres principaux			
	Prestations connexes	**Gestion du matériel**	**Gestion des bâtiments**	**Approvi-sionnement**	**Atelier 1**	**Atelier 2**	**Distri-bution**
Totaux primaires	**960**	**104**	**3 704**	**2 560**	**3 256**	**2 786**	**1 432**
Prestations connexes	– 960	96	96	144	240	240	144
Gestion du matériel	0	– 1 000	200	0	400	400	0
Gestion des bâtiments	0	800	– 4 000	800	800	800	800
Totaux secondaires	0	0	0	3 504	4 696	4 226	2 376

Gestion du matériel = 104 + 0,1 PC + 0,2 GB
= 104 + 96 + 0,2 GB
= 200 + 0,2 GB

Gestion des bâtiments = 3 704 + 0,1 PC + 0,2 GM
= 3 704 + 96 + 0,2 GM
= 3 800 + 0,2 GM

Gestion du matériel = 1 000

Gestion des bâtiments = 4 000

Vous trouverez des éléments de révision sur les cessions de prestations réciproques entre centres d'analyse dans l'ouvrage Comptabilité de gestion, *chapitre 1, section 1, paragraphes 2 et 3.*

Le voyage en Guyane

Je fume des cigarettes de la marque Dromadaire à raison d'un demi-paquet par jour. Le 25 avril, j'achète une cartouche (10 paquets) à 25 euros. Le 26 avril, une augmentation générale du tabac fait passer le paquet de Dromadaire à 2,8 euros. Le 1er mai, je pars en mission en Guyane et je profite du passage en *duty free* pour acheter 5 paquets de Dromadaire à 1,8 euro. Pendant mon séjour en Guyane (où les cigarettes sont détaxées), j'achète deux cartouches de Dromadaire à 13,80 euros chacune.

Lorsque je rentre, le 28 mai, je décide d'offrir une cartouche à un ami. Quelle est la valeur du cadeau que je lui fais ?

Éléments de corrigé

Les éléments en gras sont issus de l'énoncé. Tous les autres éléments sont calculés.

Date	Quantité	Prix unitaire	Montant		Quantité	Prix unitaire	Montant
25-04	**10**	2,5	**25**	Consommations	17	?	?
01-05	**5**	**1,8**	9				
12-05	**20**	1,38	**27,60**	Stock final	18	?	?
	35		61,60		35		61,60

Consommations : du 25 avril au 30 avril : 6 jours, soit 3 paquets ;
du 1er mai au 28 mai : 28 jours, soit 14 paquets.

Le 28 mai, je dispose donc d'un stock de 18 paquets de Dromadaire.

La question posée est celle de la valorisation des consommations et, ce faisant, celle du stock final. Il n'y a pas de réponse unique à cette question : tout dépend du choix de valorisation que je retiens.

- Si j'ai choisi une valorisation « coût unitaire moyen pondéré » (cump = 61,60 / 35 = 1,76), alors mon stock final a une valeur de 31,68 € (18 × 1,76) dont 17,6 € pour le cadeau.

- Si j'ai choisi une valorisation « premier entré, premier sorti » (Fifo), alors j'ai consommé toutes les cigarettes achetées le 25 avril et le 1er mai. Mon stock final a donc une valeur de 24,84 € (18 × 1,38) dont 13,80 € pour le cadeau.

- Si j'ai choisi une valorisation « dernier entré, premier sorti » (Lifo), alors :

– du 25 avril au 30 avril j'ai consommé 3 paquets achetés le 25 avril ;

– du 1er mai au 12 mai j'ai consommé les 5 paquets achetés le 1er mai et 1 paquet acheté le 25 avril ;

– du 13 mai au 28 mai j'ai consommé 8 paquets achetés le 12 mai.

Mon stock final est donc constitué de 12 paquets achetés le 12 mai et de 6 paquets achetés le 25 avril. Les 10 paquets que j'offre sont du dernier lot acheté soit 10 × 1,38 = 13,80 €.

- Si j'ai choisi une valorisation au coût de remplacement, alors la valeur du cadeau est de 10 × 2,8 €, soit 28 €.

Méthode de valorisation	**Valeur du cadeau**
CUMP	17,60
FIFO	13,80
LIFO	13,80
Coût de remplacement	28

Vous trouverez des éléments de révision sur l'évaluation des stocks dans l'ouvrage Comptabilité de gestion, *chapitre 1, section 1, paragraphe 3.*

L'entreprise Zedlyse

L'entreprise Zedlyse est spécialisée dans la production de chlorhydrate de lysine dit « lysine », acide aminé entrant dans l'alimentation du bétail. En plus de cette production principale, elle élabore et commercialise également un sous-produit, le « sirional », concentré protéique également destiné à l'élevage. Ces produits sont livrés conditionnés en sacs.

Le processus de production consiste dans le traitement d'une matière première, la mélasse de betterave. Celle-ci fermente dans de grandes cuves ; il en sort du moût, produit intermédiaire, qui doit être purifié dans une station de purification. On récupère la lysine et des effluents. La lysine subit encore quelques traitements complémentaires de finition, tels la concentration, la cristallisation et le séchage, avant d'être ensachée. Quant aux effluents, ils donnent naissance à un sous-produit, le sirional, après filtration, cristallisation et essorage. La société effectue elle-même tous les transports. La production en continu permet de négliger les encours, leur variation étant sensiblement nulle.

L'analyse des charges indirectes mensuelles constatées s'effectue dans des centres d'analyse conformément au tableau ci-après.

1 : Gestion des personnels
2 : Gestion des bâtiments
3 : Gestion des matériels
4 : Prestations connexes
5 : Approvisionnement
6 : Fermentation
7 : Purification
8 : Finition
9 : Traitement sirional
10 : Direction générale
11 : Recherche
12 : Distribution

	Centres auxiliaires				Centres principaux							
	1	2	3	4	5	6	7	8	9	10	11	12
Totaux primaires	152	695	740	770	430	640	2 080	2 465	160	2 384	1 191	193
Répartition secondaire												
Gestion des personnels		2	4	10	10	20	20	15	8	5	3	3
Gestion des bâtiments				20	8	30	30	4	4	1	2	1
Gestion des matériels				10	15	20	20	10	10		10	5
Prestations connexes	8	2	10		5	5	40	10	10	2	6	2
Unité d'œuvre ou assiette de frais					Tonne de mélasse achetée	Tonne de mélasse traitée	Tonne de moût	Tonne de lysine traitée	Tonne de sirional	Coût de production des produits vendus		

1. Exprimer les totaux des centres auxiliaires compte tenu des transferts reçus des autres centres.

2. Calculer les totaux des centres auxiliaires.

3. Calculer les coûts totaux des centres principaux après répartition.

En fait, la société décide d'évaluer les prestations fournies par les centres auxiliaires à des taux de cession conventionnels. Il en résulte les totaux des centres principaux suivants. (La différence entre les charges constatées et les charges résultant de cette convention sera considérée comme différence de traitement comptable.)

5. Approvisionnement : 676
6. Fermentation : 1 349
7. Purification : 3 000
8. Finition : 2 770
9. Traitement sirional : 380
10. Direction générale : 2 500
11. Recherche : 1 400
12. Distribution : 287,15

On vous précise que les coûts du moût et du centre de purification se répartissent proportionnellement à 9 et 1 entre la lysine et le sirional.

	Stock au 1er septembre	Stock au 30 septembre	Achats ou productions
Mélasse	2 tonnes à 3,55 € la tonne	4 tonnes	2 700 tonnes à 3,8 € la tonne
Lysine finie	4 tonnes à 27,0125 € la tonne	7,75 tonnes	653,75 tonnes
Sirional	2,5 tonnes à 12,068 € la tonne	0,20 tonne	147,70 tonnes
Fournitures consommées par le centre de fermentation			674,10 €
Production de moût			2 418,3 tonnes

Les sorties de stocks sont valorisées en CUMP.

Prix de vente de la lysine : 40 € la tonne.

Prix de vente du sirional : 20 € la tonne.

4. Calculer le coût de revient des produits vendus.

5. Calculer le résultat analytique sur produits vendus.

6. Calculer le résultat de la comptabilité analytique.

(D'après sujet d'examen.)

Éléments de corrigé

Les éléments en gras sont issus de l'énoncé. Tous les autres éléments sont calculés.

Schéma du processus de fabrication

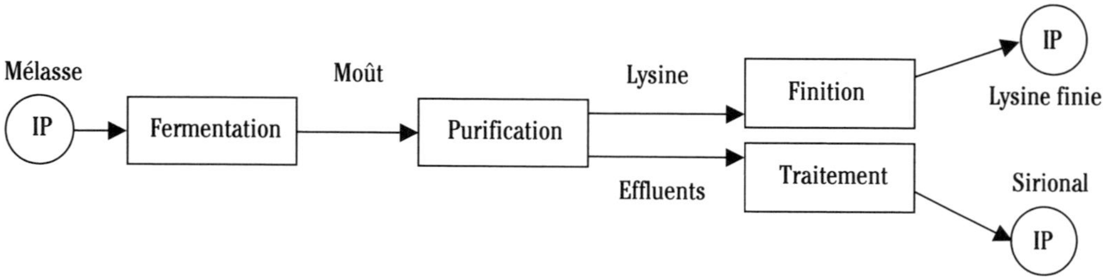

Tableau de répartition des charges indirectes

	1	2	3	4	5	6	7	8	9	10	11	12
Totaux primaires	**152**	**695**	**740**	**770**	**430**	**640**	**2 080**	**2 465**	**160**	**2 384**	**1 191**	**193**
1	- 233,81	4,68	9,35	23,38	23,38	46,76	46,76	35,07	18,70	11,69	7,01	7,01
2		- 720,13		144,03	57,61	216,04	216,04	28,81	28,81	7,20	14,40	7,20
3			- 851,61	85,16	127,74	170,32	170,32	85,16	85,16		85,16	42,58
4	81,81	20,45	102,26	- 1 022,57	51,13	51,13	409,03	102,26	102,26	20,45	61,35	20,45
Totaux secondaires	0	0	0	0	689,86	1 124,25	2 922,15	2 716,29	394,93	2 423,34	1 358,93	270,25

GP : Gestion des personnels = 152 + 0,08 PC

GB : Gestion des bâtiments = 695 + 0,02 GP + 0,02 PC

GM : Gestion des matériels = 740 + 0,04 GP + 0,10 PC

PC : Prestations connexes = 770 + 0,10 GP + 0,20 GB + 0,10 GM

On obtient :

GB = 695 + 0,02 (152 + 0,08 PC) + 0,02 PC = 695 + 3,04 + 0,0016 PC + 0,02 PC = 698,04 + 0,0216 PC

GM = 740 + 0,04 (152 + 0,08 PC) + 0,10 PC = 740 + 6,08 + 0,0032 PC + 0,10 PC = 746,08 + 0,1032 PC

PC = 770 + 0,10 (152 + 0,08 PC) + 0,20 (698,04 + 0,0216 PC) – 0,10 (746,08 + 0,1032 PC)

D'où : GP = 233,81

GB = 720,13

GM = 851,61

PC = 1 022,57

Coût d'achat des matières premières

Mélasse	Prix d'achat **2 700** × **3,8**	10 260
	Charges indirectes d'approvisionnement	**676**
		10 936

IP Mélasse

Stock initial	2	3,55	7,1	Sorties	2 698	4,05	10 926,9
Entrées	2 700	4,05037	10 936	Stock final	4	4,05	16,2
Total	2 702	4,05	10 943,1	Total	2 702	4,05	10 943,1

Coût de purification

Coût d'achat de la mélasse consommée	10 926,9
Fournitures de laboratoire	**674,1**
Charges indirectes de fermentation	**1 349**
Coût du moût	12 950
Charges indirectes de purification	**3 000**
Coût de la lysine purifiée et des effluents	15 950

Coût de production

	Lysine	Sironial
Coût de purification	14 355	1 595
Charges indirectes de finition	**2 770**	
Charges indirectes de traitement		**380**
Coût de production	17 125	1 975

IP lysine finie

Stock initial	**4**	**27,0125**	108,05	Sorties	650	26,2	17 030
Entrées	**653,75**	26,195	17 125	Stock final	**7,75**	26,2	203,05
Total	657,75	26,2	17 233,05	Total	657,75	26,2	17 233,05

IP Sirional

Stock initial	**2,5**	**12,068**	30,17	Sorties	150	13,35	2 002,5
Entrées	**147,7**	13,3717	1 975	Stock final	**0,2**	13,35	2,67
Total	150,2	13,35	2 005,17	Total	150,2	13,35	2 005,17

Coût de revient et résultat

	Total	Lysine	Sirional
Coût de production	19 032,5	17 030	2 002,5
Charges indirectes de direction	**2 500**	2 236,96	263,04
Charges indirectes de recherche	**1 400**	1 252,70	147,30
Charges indirectes de distribution	**287,15**	256,94	30,21
Coût de revient	23 219,65	20 776,60	2 443,05
Chiffre d'affaires	29 000	**26 000**	**3 000**
Résultat	5 780,35	5 223,40	556,95

Résultat analytique global

Résultat des produits		5 780,35
Charges réelles	11 900	
Charges conventionnelles	12 362,15	
Différence de traitement comptable	– 462,15	+ 462,15
Résultat analytique		6 242,50

Les charges réelles de la comptabilité analytique correspondent aux totaux primaires, soit :
152 + 695 + 740 + 770 + 430 + 640 + 2 080 + 2 465 + 160 + 2 384 + 1 191 + 193.

Les charges conventionnelles sont celles qui ont été imputées conventionnellement aux produits, soit :
676 + 1 349 + 3 000 + 2 770 + 380 + 2 500 + 1 400 + 287,15.

Le résultat des produits tient compte d'un volume de charges conventionnelles supérieur au volume des charges réelles. Le résultat analytique des deux produits est par conséquent minoré par rapport au résultat analytique global.

Vous trouverez des éléments de révision sur les coûts complets et la méthode des sections homogènes dans l'ouvrage Comptabilité de gestion, *chapitre 1, section 1, paragraphes 2, 3 et 4.*

La cafétéria de l'École des affaires

L'association des étudiants de l'École des affaires a obtenu un local pour sa cafétéria. Ses deux produits vedettes sont l'Irish coffee et le cappuccino. Les instructions de la direction de l'École sont claires : aucune subvention ne sera accordée à la cafétéria pour perte abusive. L'association souhaite néanmoins limiter ses prix de vente pour ne pas trop entamer le budget des étudiants. Le président de la cafétéria vous demande par conséquent de calculer les coûts de revient détaillés (à chaque étape) de ses deux produits, ainsi que le résultat analytique de chacun d'entre eux, le résultat analytique global et le résultat de la comptabilité générale.

Processus de production

Les boissons sont directement réalisées à partir du café préparé. L'Irish coffee est composé de 15 cl de café, de 5 cl de whisky et d'une cuillerée de crème (soit 25 cl en tout). Le cappuccino est composé de 25 cl de café et d'une cuillerée de crème (soit 30 cl en tout).

Données sur les matières premières

	Stock initial Au 01.01.N	*Stock réel Au 31.12.N*	*Achats*	*Consommations*
Café non préparé	1 000 kg pour 18 300 €	1 000 kg	5 000 kg à 15 €	4 800 kg
Whisky	300 litres à 50 € le litre	1 litre	1 000 litres à 50 €	1 280 litres
Crème	0	2 litres	2 000 litres pour 20 000 €	2 000 litres

Tableau de répartition des charges indirectes

	Entretien	Énergie	Approvisionnement	Préparation	Mélange	Ventes
Totaux primaires	2 800	700	1 000	5 000	4 890	2 000
Entretien	–	10 %	50 %	15 %	10 %	15 %
Énergie	20 %	–	20 %	20 %	20 %	20 %
Unité d'œuvre			Kg de café acheté	Kg de café préparé	Litres de mélange produit	Milliers de verres vendus

Charges directes

- MOD rémunérée à 30 € par heure

  370 h de préparation du café

  53 h 40 de mélange d'Irish coffee

  50 h de mélange de cappuccino

- Percolateur servant à préparer le café

  Coût d'acquisition : 2 000 € ht

  Durée d'utilisation : 10 ans

  Amortissement linéaire

  Date d'achat : 01.10.N – 1

- Charges directes de distribution : 5 centimes par verre (correspondant au coût du gobelet fourni).

Divers

Au 31.12.N, il reste 562,5 kg de café préparé non utilisé. Ils seront valorisés au coût de sortie des stocks.

Pour 1 kg de café préparé, on produit 4 litres de café prêt à servir aux mélanges.

La préparation des mélanges étant un travail harassant, le président de la cafétéria a consommé au cours de l'année 30 litres de whisky pour ses consommations personnelles.

La crème fraîche est répartie équitablement sur l'ensemble des verres vendus.

Ventes annuelles : 25 000 Irish coffee à 4,50 € et 15 000 cappuccinos à 2,50 €.

Le montant primaire du centre entretien tient compte d'une charge fictive de 100 € pour les produits d'entretien dont se sert la cafétéria mais qui sont achetés par l'école.

Les charges indirectes prennent en considération une subvention fictive de 5 000 € supportée par l'administration de l'école et des charges non incorporables pour 6 000 €.

Le café préparé non utilisé dans les mélanges est vendu tout au long de l'année à prix coûtant. Cet élément peut par conséquent être négligé dans le raisonnement.

L'exercice comptable coïncide avec l'année civile.

Éléments de corrigé

Les éléments en gras sont issus de l'énoncé. Tous les autres éléments sont calculés.

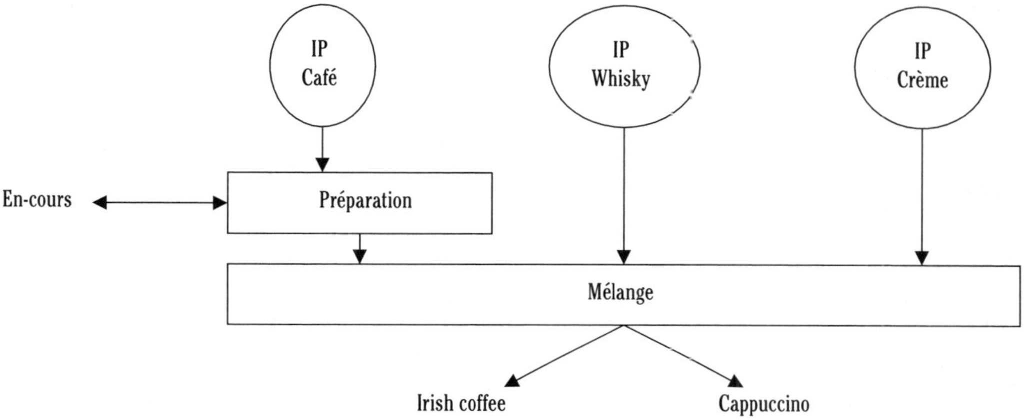

IP : inventaire permanent.

Tableau de répartition des charges indirectes

	Entretien	Énergie	Approvisionnement	Préparation	Mélange	Ventes
Totaux primaires	**2 800**	**700**	**1 000**	**5 000**	**4 890**	**2 000**
Entretien	– 3 000	300	1 500	450	300	450
Énergie	200	– 1 000	200	200	200	200
Totaux secondaires	0	0	2 700	5 650	5 390	2 650
Nature des unités d'œuvre			Kg de café acheté	Kg de café préparé	Litre de mélange produit	Milliers de verres vendus
Nombre d'UO			5 000	4 237,5	10 780	40
Coût d'UO			0,54	1,33	0,5	66,25

Entretien = 2 800 + 0,2 énergie
Énergie = 700 + 0,1 entretien
D'où entretien = 3 000 et énergie = 1 000

Coût d'achat des matières premières

Café	Prix d'achat	**5 000** × **15**	75 000
	Charges indirectes d'approvisionnement	5 000 × 0,54	2 700
	Coût d'achat du café acheté		77 700
Whisky	Prix d'achat	**1 000** × **50**	50 000
Crème	Prix d'achat	**2 000** × **10**	20 000

Les charges indirectes d'approvisionnement ne concernent que le café acheté. Par conséquent, pour le whisky et la crème, le coût d'achat et le prix d'achat sont confondus.

Inventaires permanents

IP Café

Stock initial	**1 000**	**18,3**	**18 300**	Sorties	**4 800**	16	76 800
Entrées	5 000	15,54	77 700	Stock final théorique	1 200	16	19 200
Total	6 000	16	96 000	Total	6 000	16	96 000
				Stock final réel	**1 000**	16	16 000

Différence d'inventaire : 200 × **16** **3 200** (manquants)

IP Whisky

Stock initial	**300**	**50**	**15 000**	Sorties	**1 280**	50	64 000
Entrées	1 000	50	50 000	Stock final théorique	20	50	1 000
Total	1 300	50	65 000	Total	1 300	50	65 000
				Stock final réel	**1**	50	50

Différence d'inventaire : 19 × **50** **950** (manquants)

IP Crème

Stock initial	**0**	**0**	**0**	Sorties	**2 000**	10	20 000
Entrées	2 000	10	20 000	Stock final théorique	0	10	0
Total	2 000	10	20 000	Total	2 000	10	20 000
				Stock final réel	**2**	10	20

Différence d'inventaire : 2 × **10 = 20** (surplus)

Coût de préparation du café

Coût d'achat du café consommé	4 800 × 16	76 800
Main-d'œuvre directe	370 h × 30	11 100
Amortissement machine		200
Charges indirectes de préparation	(4 800 – 562,5) × 1,33	5 650
– Encours finaux	562,5 × 16	– 9 000
	Total	84 750
	Pour	4 237,5 kg
	Soit	20 € le kg
	Ou	5 € le litre de café prêt à servir

Coût des mélanges

	Irish coffee			Cappuccino		
	Quantité	Pu / Cu	Montant	Quantité	Pu / Cu	Montant
Préparation café	3 750 (1)	5	18 750	3 750 (2)	5	18 750
Coût achat whisky	1 280	50	64 000			
Coût achat crème	1 250 (3)	10	12 500	750 (4)	10	7 500
MOD	53 h40	30	1 610	50	30	1 500
CI mélange	6 280	0,5	3 140	4 500	0,5	2 250
Coût mélange préparé			**100 000**			**30 000**
Coût du whisky bu	30	50	1 500			
Coût des verres préparés			98 500			30 000
Nombre de verres préparés			25 000			15 000
Coût unitaire			3,94			2
CD distribution	25 000	0,05	1 250	15 000	0,05	750
CI distribution	25	66,25	1 656,25	15	66,25	993,75
Coût de revient			**101 406,25**			**31 743,75**
Chiffre d'affaires	25 000	4,5	112 500	15 000	2,5	37 500
Résultat			**11 093,75**			**5 756,25**

(1) 25 000 × 15 cl
(2) 15 000 × 25 cl
(3) 2 000 / (25 000 + 15 000) × 25 000
(4) 2 000 / (25 000 + 15 000) × 15 000
CD : charges directes
CI : charges indirectes

Résultat analytique global

Résultat Irish coffee	11 093,75
Résultat cappuccino	5 756,25
Coût du whisky bu	– 1 500
Résultat analytique global	15 350

Résultat de comptabilité générale

Résultat analytique	15 350
Différence inventaire café	– 3 200
Différence inventaire whisky	– 950
Différence inventaire crème	20
Charges supplétives	100
Produits supplétifs	– 5 000
Charges non incorporables	– 6 000
Résultat de comptabilité générale	320

Vous trouverez des éléments de révision sur le calcul des coûts complets dans l'ouvrage Comptabilité de gestion, *chapitre 1, section 1, paragraphes 2, 3 et 4.*

La scierie Mae Nam

La scierie Mae Nam fabrique des panneaux de bois composés de deux essences destinés à l'industrie de l'ameublement. Le processus de fabrication conduit à l'obtention d'un produit résiduel – les copeaux – qui sont vendus après avoir été traités pour donner des planches d'agglomérés, et d'un déchet sans valeur – la sciure – qui doit faire l'objet d'un conditionnement avant évacuation.

On vous demande de calculer le coût de revient détaillé ainsi que le résultat analytique de chacun des produits.

Processus de production

Le bois brut est découpé en planches dans l'atelier « découpage », ce qui produit tout à la fois planches découpées, copeaux et sciure. À la sortie de l'atelier « découpage » les planches découpées sont assemblées dans l'atelier « assemblage » dans lequel il existe des encours de production ; les copeaux sont directement (sans stockage) transformés en planches d'agglomérés dans l'atelier « traitement agglomérés » et le sciure est directement (sans stockage) ensachée par la section « conditionnement sciure ». La sciure ensachée est immédiatement évacuée alors que les planches d'agglomérés et les planches assemblées sont stockées avant d'être vendues.

Données sur les matières premières et les produits

Matières premières	Stock initial au 01.09.N	Stock réel au 30.09.N	Achats	Consommations
Bois essence 1	500 m^2 à 20 € le m^2	480 m^2	2 000 m^2 à 10 € le m^2	2 000 m^2
Bois essence 2	100 m^2 à 41 € le m^2	102 m^2	2 000 m^2 à 35 € le m^2	2 000 m^2
Liants (pour fabrication des agglomérés)	10 sacs à 25 € le sac	0 sac	0	10 sacs
Sac (pour conditionnement sciure)	100 sacs à 0,40 € le sac	50 sacs	100 sacs à 0,60 € le sac	150 sacs

Produits	Stock initial au 01.09.N	Stock réel au 30.09.N	Production	Consommations
Planches découpées	400 planches pour 83 740 €	135	1 000 planches	1 250 planches
Planches assemblées	128 planches à 543,50 € pièce	28	1 200 planches	1 300 planches

Produits	Stock initial au 01.09.N	Stock réel au 30.09.N	Production	Consommations
Planches d'agglomérés Planches encours	0 150 planches pour 56 200 €	0 125 planches à 436 € la planche	250 planches	250 planches

Tableau de répartition des charges indirectes

	Gestion du matériel	Gestion du personnel	Approvisionnement	Découpage	Assemblage	Traitement agglomérés	Conditionnement sciure	Distribution	Administration
Totaux primaires	16 400	30 000	25 000	500 000	25 000	1 875	6 250	36 918	82 236
Gestion du matériel		0,30	0,10	0,10	0,20	-	-	0,15	0,15
Gestion du personnel	0,10		0,15	0,15	0,30	-	-	0,15	0,15
Unités d'œuvre			m^2 de bois acheté	m^2 de bois consommé	Heure de main-d'œuvre directe	Nombre de planches produites	Nombre de sacs traités	Coût de production des produits vendus	Coût de production des produits vendus

Charges directes

MOD découpage : 350 heures à 35 € l'heure.

MOD assemblage : 300 heures à 35 € l'heure.

MOD traitement des agglomérés : 10 heures à 35 € l'heure.

MOD conditionnement : 10 heures à 35 € l'heure.

MOD distribution : 100 heures à 35 € l'heure.

Divers

Les charges d'approvisionnement ne portent que sur les achats de bois.

Ventes de l'exercice :

- Planches assemblées : 1 300 planches à 700 € la planche.
- Planches d'agglomérés : 250 planches à 30 € la planche.

Les sorties de stocks sont valorisées en CUMP.

On considère que le coût de production des planches d'agglomérés à la sortie de l'atelier « traitement des agglomérés » est égal à leur prix de vente.

Les charges de distribution et d'administration sont imputées uniquement aux coûts des planches assemblées.

Éléments de corrigé

Les éléments en gras sont issus de l'énoncé. Tous les autres éléments sont calculés.

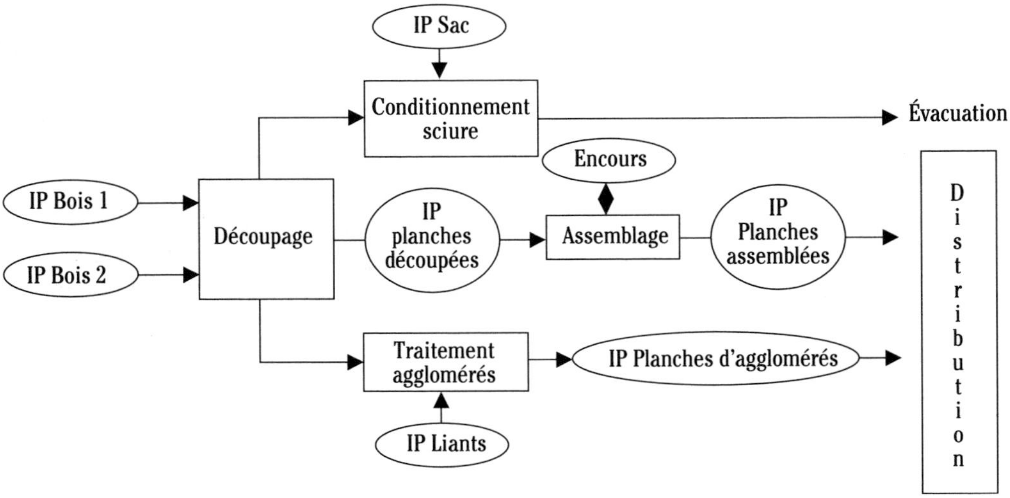

Tableau de répartition des charges indirectes

GM = 16 400 + 10 % GP et GP = 30 000 + 30 % GM

D'où GM = 20 000 et GP = 36 000

	Gestion du matériel	Gestion du personnel	Approvisionnement	Découpage	Assemblage	Traitement agglomérés	Conditionnement sciure	Distribution	Administration
Totaux primaires	**16 400**	**30 000**	**25 000**	**500 000**	**25 000**	**1 875**	**6 250**	**36 918**	**82 236**
Gestion matériel	– 20 000	6 000	2 000	2 000	4 000	0	0	3 000	3 000
Gestion personnel	3 600	– 36 000	5 400	5 400	10 800	0	0	5 400	5 400
Totaux secondaires	0	0	32 400	507 400	39 800	1 875	6 250	45 318	90 636
Unités d'œuvre			m^2 de bois acheté	m^2 de bois consommé	Heure de main-d'œuvre directe	Nombre de planches produites	Nombre de sacs traités	Coût de production des produits vendus	Coût de production des produits vendus
Nombre d'unités d'œuvre			**4 000**	**4 000**	**300**	**250**	**150**		
Coût des unités d'œuvre			8,1	126,85	132,67	7,50	41,67		

Coût d'achat des matières premières

Bois 1

Prix d'achat	**2 000**	**10**	20 000,00
Charges indirectes d'approvisionnement	2 000	8,1	16 200,00
			36 200,00

Bois 2

Prix d'achat	**2 000**	**35**	70 000,00
Charges indirectes d'approvisionnement	2 000	8,1	16 200,00
			86 200,00

Inventaire permanent Bois 1

Stock initial	**500**	**20**	10 000	Consommations	**2 000**	18,48	36 960
Achats	2 000	18,1	36 200	SF théorique	500	18,48	9 240
Total	2 500	18,48	46 200	Total	2 500	18,48	46 200
				SF réel	**480**	18,48	8 870,40
				Manquants	20	18,48	369,60

Inventaire permanent Bois 2

Stock initial	**100**	**41**	4 100	Consommations	**2 000**	43	86 000
Achats	2 000	43,1	86 200	SF théorique	100	43	4 300
Total	2 100	43	90 300	Total	2 100	43	90 300
				SF réel	**102**	43	4 386
				Surplus	2	43	86

Coût de production des planches découpées

Coût d'achat du bois 1 consommé	2 000	18,48	36 960
Coût d'achat du bois 2 consommé	2 000	43	86 000
MOD découpage	**350**	**35**	12 250
Charges indirectes découpage	4 000	126,85	507 400
Coût de production des produits découpés			642 610
– Coût de production des copeaux			– 5 025
+ Coût d'évacuation de la sciure			6 675
Coût de production des planches découpées	**1 000**	644,26	644 260

Évaluation du coût de production des copeaux pour agglomérés

Coût de production des planches d'agglomérés	**250**	**30**	7 500
MOD atelier traitement des agglomérés	**10**	**35**	350
Liant	**10**	**25**	250
Charges indirectes atelier traitement	250	7,50	1 875
Coût de production des copeaux (sortie atelier découpage)			5 025

Évaluation du coût d'évacuation de la sciure

Consommation de sacs	150	0,5	75
MOD atelier conditionnement	**10**	**35**	**350**
Charges indirectes atelier conditionnement	150	41,67	6 250
Coût d'évacuation de la sciure			6 675

Inventaire permanent Liant

Stock initial	**10**	**25**	250	Consommations	**10**	25	250
Achats	**0**	0	0	SF théorique	0	25	0
Total	10	25	250	Total	10	25	250
				SF réel	**0**	25	0

Inventaire permanent Sacs

Stock initial	**100**	**0,40**	40	Consommations	**150**	0,50	75
Achats	**100**	**0,60**	60	SF théorique	50	0,50	25
Total	200	0,50	100	Total	200	0,50	100
				SF réel	**50**	0,50	25

Inventaire permanent Planches découpées

Stock initial	**400**	209,35	**83 740**	Consommations	**1 250**	520	650 000
Production	**1 000**	644,26	644 260	SF théorique	150	520	78 000
Total	1 400	520	728 000	Total	1 400	520	728 000
				SF réel	**135**	520	70 200
				Manquants	15	520	7 800

Coût de production des planches assemblées

Planches découpées consommées	1 250	520,00	650 000
MOD atelier assemblage	**300**	**35**	10 500
Charges indirectes atelier assemblage	300	132,67	39 800
+ Encours initiaux	**150**		**56 200**
– Encours finaux	**125**	**436**	– 54 500
Coût de production des planches assemblées	**1 200**	585	702 000

Inventaire permanent Planches assemblées

Stock initial	**128**	**543,50**	69 568	Ventes	**1 300**	581	755 300
Production	**1 200**	585	702 000	SF théorique	28	581	16 268
Total	1 328	581	771 568	Total	1 328	581	771 568
				SF réel	**28**	581	16 268

Résultats analytiques des produits

	Total	Planches agglomérées	Planches assemblées
Coût de production	762 800	7 500	755 300
MOD distribution	3 500	0	3 500
Charges indirectes de distribution	45 318	0	45 318
Charges indirectes d'administration	90 636	0	90 636
Coût de revient	**902 254**	**7 500**	**894 754**
Chiffre d'affaires	917 000	7 500	910 000
Résultat	**15 246**	0	15 246

Vous trouverez des éléments de révision sur le calcul des coûts complets et ses difficultés dans l'ouvrage Comptabilité de gestion, *chapitre 1, section 1, paragraphes 2, 3 et 4.*

Monsieur Kourou

Monsieur Kourou utilise son véhicule personnel également à des fins professionnelles et souhaite calculer avec une grande rigueur les coûts de ces deux fonctions.

Il estime que les charges relatives à son véhicule comprennent :

- l'amortissement (déterminable par la cote à l'argus),
- les intérêts de l'emprunt qu'il a dû souscrire pour son acquisition,
- les frais de garage (loyer),
- l'assurance de base,
- l'assurance complémentaire pour usage professionnel,
- l'entretien courant (vidange, plaquettes de frein, etc.),
- la vignette,
- la consommation d'essence,
- les frais ponctuels : parking, péages d'autoroute, etc.

Monsieur Kourou vous demande de lui suggérer une démarche (schéma ou tableau et commentaire concis et précis). Il vous indique qu'il est disposé à faire un relevé précis des kilométrages privés et professionnels.

Éléments de corrigé

	Direct personnel	Direct professionnel	Indirect
Amortissement			X
Intérêts			X
Garage			X
Assurance de base			X
Assurance complémentaire		X	
Entretien courant			X
Vignette			X
Essence	X	X	
Frais ponctuels	X	X	

Les frais ponctuels sont clairement directs puisqu'il est possible de les rattacher sans ambiguïté à une activité ou à une autre.

L'essence est une charge directe parce qu'elle est totalement variable et qu'il est possible de réaliser un relevé précis des consommations (achats + stock initial – stock final) et des kilométrages privés et professionnels.

Les autres éléments sont indirects puisqu'ils concernent les deux activités de monsieur Kourou et que pour toute ventilation, il faudra recourir à une clé. On peut soit répartir en fonction d'une clé globale identique pour tous les éléments indirects (50 / 50 ; nombre de kilomètres ; nombre de journées d'utilisation, etc.), soit chercher des approches plus fines correspondant à chaque élément (par exemple, l'entretien peut se répartir équitablement au prorata des kilomètres alors que l'assurance de base peut être répartie à part égale entre les deux activités) mais, dans tous les cas, la répartition sera en réalité assez conventionnelle.

Vous trouverez des éléments de révision sur les coûts directs, les coûts indirects et les coûts spécifiques dans l'ouvrage Comptabilité de gestion, *chapitre 1, section 2, paragraphes 1 et 2.*

L'entreprise Ocotal

L'entreprise Ocotal produit et vend (sans variation de stock) deux types de sables dont les caractéristiques sont les suivantes :

	Quantité	Prix de vente	Coût de revient complet	Coût variable
Sable blanc	1 000	200	150	120
Sable noir	500	140	190	100

1. Calculer ses charges fixes.

2. Calculer le résultat de deux manières différentes.

3. Quelle hypothèse nécessite le calcul de son seuil de rentabilité ?

4. En retenant cette hypothèse, le calculer.

5. Le directeur d'Ocotal envisage d'arrêter la vente du sable noir ; qu'en pensez-vous ?

Éléments de corrigé

Les éléments en gras sont issus de l'énoncé. Tous les autres éléments sont calculés.

1. Montant des charges fixes

Coût de revient complet :	**1 000** × **150** + **500** × **190**	245 000
Coût variable :	**1 000** × **120** + **500** × **100**	– 170 000
Charges fixes		75 000

2. Calcul du résultat

	Sable blanc	Sable noir	Ocotal
Chiffre d'affaires	**1 000** × **200** = 200 000	**500** × **140** = 70 000	270 000
Coût complet	**1 000** × **150** = 150 000	**500** × **190** = 95 000	245 000
Résultat	50 000	– 25 000	25 000

	Sable blanc	Sable noir	Ocotal
Chiffre d'affaires	**1 000** × **200** = 200 000	**500** × **140** = 70 000	270 000
Coût variable	**1 000** × **120** = 120 000	**500** × **100** = 50 000	170 000
Marge sur coûts variables	1 000 × 80 = 80 000	500 × 40 = 20 000	100 000
Charges fixes			75 000
Résultat			25 000

3. Il n'est pas possible ici de travailler produit par produit en déterminant un seuil de rentabilité pour chacun des sables car les charges fixes sont des charges communes et non spécifiques. Le seuil de rentabilité indiquera donc le montant de chiffre d'affaires (tous produits confondus) que devra réaliser Ocotal pour couvrir ses charges fixes qui s'élèvent à 75 000 €.

Par conséquent, l'hypothèse permettant de calculer le seuil de rentabilité global de l'entreprise Ocotal est une hypothèse de stabilité de la composition de son portefeuille de produits. Le taux de marge sur coûts variables dépend en effet directement du poids relatif de chacun des produits dans le portefeuille d'activités puisque les produits ne sont pas vendus avec la même marge : le sable blanc dégage un taux de marge de 60 % alors que le sable noir dégage un taux de marge de 28,57 %.

4. Taux de marge sur coûts variables = 100 000 / 270 000 = 37,$\underline{037}$... %.

Montant des charges fixes = 75 000 €.

Seuil de rentabilité = 202 500 € de chiffre d'affaires.

5. Supprimer le sable noir amène Ocotal à renoncer à 20 000 € de marge sur coûts variables. Or, les charges fixes n'étant pas des charges fixes spécifiques à chaque sable, cette suppression de produit n'entraîne aucune réduction des charges fixes de l'entreprise. D'où une diminution du résultat global de 20 000 €. Supprimer ce produit est par conséquent une mauvaise décision.

Vous trouverez des éléments de révision sur les coûts variables et le seuil de rentabilité dans l'ouvrage Comptabilité de gestion, *chapitre 1, section 2, paragraphes 1 et 2.*

La société Abysse

La société Abysse est spécialisée dans l'éclairage subaquatique et sportif. Elle propose plusieurs types de produits :

– des torches sous-marines destinées à la plongée professionnelle, sportive ou de loisirs ;

– des lampes de tête tous sports (VTT, planche à voile, spéléologie, etc.) ;

– des phares d'éclairage de surface utilisés sur les terrains sportifs et les chantiers.

Des questions de rentabilité de l'exploitation se posent aux dirigeants de la société. Vous êtes chargé(e) de réaliser une étude de l'exploitation en procédant selon les quatre étapes suivantes :

1. Calculer les résultats analytiques unitaires par produit et le résultat global généré par ces trois produits, au cours de l'exercice N.

2. Calculer la contribution de chaque produit à la couverture des charges fixes de la période (marge sur coût variable) et le résultat correspondant.

3. Apprécier la rentabilité de l'exploitation.

4. Identifier l'origine de la différence entre les deux résultats globaux obtenus (sans calcul).

Tableau des coûts unitaires, exercice N

	Activité éclairage sous-marin		Activité éclairage de surface
	Torches	Lampes de tête	Phares
Quantités produites	22 000	38 000	17 000
Quantités vendues	20 000	39 000	17 500
Prix de vente	2 400	1 890	2 620
Coût unitaire de fabrication	2 221	1 746	2 541
dont coût variable	1 481	1 154	1 949
Coût unitaire de distribution	90	85	98
dont coût variable	65	60	73

État des stocks au 1er janvier N

	Torches	Lampes de tête	Phares
Quantités	1 000	4 000	2 000
Montant global	2 106 000	6 900 000	5 063 000
dont coût variable global	1 458 000	4 532 000	3 879 000

Les sorties de stocks sont valorisées en CUMP.
(D'après sujet d'examen.)

Éléments de corrigé

Les éléments en gras sont issus de l'énoncé. Tous les autres éléments sont calculés.

1. Résultats analytiques unitaires par produit et résultat global généré par les trois produits

	Torches			Lampes de tête			Phares		
	Quantités	Montant	Unitaire	Quantités	Montant	Unitaire	Quantités	Montant	Unitaire
Chiffre d'affaires	**20 000**	48 000 000	**2 400**	**39 000**	73 710 000	**1 890**	**17 500**	45 850 000	**2 620**
Stock initial	**1 000**	**2 106 000**	2 106	**4 000**	**6 900 000**	1 725	**2 000**	**5 063 000**	2 531,5
Coût de fabrication des entrées	**22 000**	48 862 000	**2 221**	**38 000**	66 348 000	**1 746**	**17 000**	43 197 000	**2 541**
CUMP	23 000	50 968 000	2 216	42 000	73 248 000	1 744	19 000	48 260 000	2 540
Coût de distribution	**20 000**	1 800 000	**90**	**39 000**	3 315 000	**85**	**17 500**	1 715 000	**98**
Coût de revient des produits vendus	**20 000**	46 120 000	2 306	**39 000**	71 331 000	1 829	**17 500**	46 165 000	2 638
Résultat	20 000	1 880 000	94	39 000	2 379 000	61	17 500	– 315 000	– 18
Résultat global									3 944 000

2. Contribution de chaque produit à la couverture des charges fixes

	Torches			Lampes de tête			Phares		
	Quantités	Montant	Unitaire	Quantités	Montant	Unitaire	Quantités	Montant	Unitaire
Chiffre d'affaires	**20 000**	48 000 000	**2 400**	**39 000**	73 710 000	**1 890**	**17 500**	45 850 000	**2 620**
Stock initial	**1 000**	**1 458 000**	1 458	**4 000**	**4 532 000**	1 133	**2 000**	**3 879 000**	1 939,5
Coût de fabrication des entrées	**22 000**	32 582 000	**1 481**	**38 000**	43 852 000	**1 154**	**17 000**	33 133 000	**1 949**
CUMP	23 000	34 040 000	1 480	42 000	48 384 000	1 152	19 000	37 012 000	1 948
Coût de distribution	**20 000**	1 300 000	**65**	**39 000**	2 340 000	**60**	**17 500**	1 277 500	**73**
Coût de revient des produits vendus	**20 000**	30 900 000	1 545	**39 000**	47 268 000	1 212	**17 500**	35 367 500	2 021
Marge sur coûts variables	20 000	17 100 000	855	39 000	26 442 000	678	17 500	10 482 500	599

Marge sur coûts variables globale	54 024 500 (soit 32,242 % du chiffre d'affaires)
Charges fixes globales	50 752 500
Résultat	3 272 000

Le montant des charges fixes est obtenu par la différence entre les charges globales et les charges variables, soit :

(48 862 000 – 32 582 000) + (1 800 000 – 1 300 000)

+ (66 348 000 – 43 852 000) + (3 315 000 – 2 340 000)

+ (43 197 000 – 33 133 000) + (1 715 000 – 1 277 500)

3. La rentabilité globale de l'exploitation est faible puisque le résultat d'exploitation ne représente que 2,35 % du chiffre d'affaires. Pourtant, lorsque l'on réalise une étude sur les coûts variables, on met en évidence le fait que chacun des trois produits de la société Abysse permet de dégager une marge sur coûts variables relativement confortable (35,625 % de leur chiffre d'affaires pour les torches ; 35,873 % de leur chiffre d'affaires pour les lampes et 22,863 % de leur chiffre d'affaires pour les phares) et contribue ainsi à la couverture des frais fixes de la société. Cependant, et bien que la société Abysse dégage globalement une marge sur coût variable de plus de 32 % de son chiffre d'affaires pour l'année N, elle n'obtient qu'un résultat relativement faible. Il faut donc s'interroger sur les raisons qui peuvent expliquer de tels éléments : s'agit-il des caractéristiques de l'activité qui nécessite de lourdes infrastructures ? S'agit-il d'une sous-utilisation de la capacité de production de l'entreprise ? Quoi qu'il en soit, la société est relativement proche de son seuil de rentabilité et doit être attentive à cette situation pour l'avenir.

Seuil de rentabilité : $0{,}32242\ CA = 50\ 752\ 500 \rightarrow SR \approx 157\ 411\ 141$.

4. Origine de la différence entre les deux résultats globaux obtenus

La différence provient du fait que la valorisation en coûts complets majore le montant du stock final (donc de la production stockée, donc de la production globale de l'exercice, donc du résultat) par rapport à une valorisation en coûts variables. La production stockée de l'exercice intègre un montant de charges fixes et améliore par conséquent d'autant le résultat de l'exercice N.

En période de sous-activité, la valorisation des stocks en coûts complets revient à transférer le coût de la sous-activité sur l'exercice suivant ; c'est la raison pour laquelle le plan comptable général préconise d'effectuer la valorisation des stocks en mettant en œuvre la méthode d'imputation rationnelle des charges fixes.

Vous trouverez des éléments de révision sur les coûts variables et le seuil de rentabilité dans l'ouvrage Comptabilité de gestion, *chapitre 1, section 2, paragraphes 1 et 2.*

L'entreprise Williamson

L'entreprise Williamson fabrique et commercialise des meubles en rotin. Pour un chiffre d'affaires moyen de 450 000 euros par an, son compte de résultat d'exploitation se présente ainsi.

Achats de matières premières	120 000	Ventes de marchandises	450 000
Variations de stocks de matières	10 000		
Autres achats et charges externes	12 000		
Charges de personnel	142 000		
Dotations aux amortissements	100 000		
Résultat	66 000		
Total	450 000	Total	450 000

NB : les achats de matières premières et les charges externes sont des charges variables.

Le directeur de l'entreprise envisage de faire évoluer son activité en externalisant la production des meubles et en ne se consacrant plus qu'à leur commercialisation. Il pense que ce choix stratégique permettrait à l'entreprise de mieux faire face aux éventuelles variations du marché.

Le responsable de la production est évidemment contre ce choix qu'il juge sans intérêt pour l'entreprise et nuisible à son personnel. Ses arguments reposent sur le fait que ni le résultat, ni le chiffre d'affaires de l'entreprise ne se trouveraient modifiés par cette évolution. Il vous présente ci-après le compte de résultat prévisionnel correspondant à la modification de la filière de production.

Achats de matières premières	0	Ventes de marchandises	450 000
Variations de stocks de matières	0		
Autres achats et charges externes	322 000		
Charges de personnel	42 000		
Dotations aux amortissements	20 000		
Résultat	66 000		
Total	450 000	Total	450 000

Quelle est votre opinion sur cette alternative stratégique ?

Éléments de corrigé

Les éléments en gras sont issus de l'énoncé. Tous les autres éléments sont calculés.

L'entreprise Williamson est placée devant un choix alternatif qui consiste :

– soit à produire et commercialiser ses meubles (intégration vers l'amont de la filière) ;

– soit à externaliser la production vers des fournisseurs.

S'il est vrai qu'en l'état actuel du marché, le choix pour l'une ou l'autre de ces alternatives est sans conséquence sur le chiffre d'affaires, ce n'est pas pour autant un choix neutre car la structure des coûts de l'entreprise s'en trouve modifiée.

1. En externalisant, l'entreprise Williamson transforme une partie de ses charges fixes en charges variables, ce qui signifie que son seuil de rentabilité se déplace et que, par là même, l'entreprise gagne en flexibilité puisqu'elle peut suivre les variations du marché sans avoir besoin d'un gros volume d'activité pour amortir son capital technique.

Dans le cas d'une filière intégrée

Chiffre d'affaires	**450 000**	
Charges variables	**- 142 000**	(120 000 + 10 000 + 12 000)
Marge sur coûts variables	308 000	
Taux de marge sur coûts variables	68,44 %	
Charges fixes	**242 000**	(142 000 + 100 000)

Le seuil de rentabilité est donc atteint lorsque le chiffre d'affaires est de 353 572 euros.

Seuil de rentabilité : 242 000 / 0,6844.

Dans le cas d'une externalisation

Chiffre d'affaires	**450 000**	
Charges variables	**- 322 000**	
Marge sur coûts variables	128 000	
Taux de marge sur coûts variables	28,44 %	
Charges fixes	**62 000**	(42 000 + 20 000)

Le seuil de rentabilité est donc atteint lorsque le chiffre d'affaires est de 217 969 euros.

Seuil de rentabilité : 62 000 / 0,2844.

L'externalisation a donc pour conséquence de faire augmenter fortement le coût de revient variable des meubles mais permet, en revanche, d'avoir un seuil de rentabilité très inférieur à celui correspondant à la solution intégrée.

2. Par ailleurs, on peut penser que ce choix va influer sur la rentabilité de l'entreprise. La solution intégrée implique que l'entreprise dispose d'un volume de capitaux propres plus important pour développer son outil de production que lorsqu'elle externalise sa production. Le rapport de rentabilité « résultat / capitaux propres » sera par conséquent meilleur dans le cas d'une externalisation.

3. De plus, et même si les raisonnements précédents incitent l'entreprise à faire le choix d'une externalisation, il ne faut pas négliger le fait que ce choix peut induire à terme un accroissement important des coûts de transaction (recherche des fournisseurs, négociation, etc.). La décision devra par conséquent être prise dans une optique à moyen terme.

4. Enfin, considérer cette question à la seule lumière des coûts mis en cause serait une grave erreur. Les choix « externalisation *versus* intégration » sont des choix stratégiques qui engagent l'entreprise tout entière. De nombreuses entreprises ont fait le choix de réintégrer certaines fonctions qu'elles avaient externalisées lorsqu'elles ont compris que ce choix était plus complexe et plus coûteux qu'il n'y paraît de prime abord :

– apparition de coûts cachés non pris en compte dans le budget de l'externalisation ;
– inversion des rapports de force et création d'une dépendance forte vis-à-vis des fournisseurs ;
– problèmes liés à la maîtrise de la qualité, à la perte de contact avec les clients ;
– perte des savoir-faire, etc.

Vous trouverez des éléments de révision sur les coûts partiels et la notion de seuil de rentabilité dans l'ouvrage Comptabilité de gestion, *chapitre 1, section 2, paragraphes 1 et 2.*

Le nouveau percolateur

Une cafétéria envisage d'acquérir un nouveau percolateur. Le gérant hésite entre trois modèles P1, P2 et P3. Chacun de ces modèles permettrait de faire face à la demande estimée à 70 000 cafés par an.

Pour chaque modèle, les données suivantes ont été calculées sur la base d'une production prévisionnelle de 70 000 cafés.

	P1	P2	P3
Charges de structure imputables (amortissement)	15 000	25 000	60 000
Bénéfice attendu	20 000	45 000	80 000

Quel que soit le modèle choisi, les coûts opérationnels sont considérés comme proportionnels au nombre de cafés vendus.

1. Calculer le résultat dégagé par chaque modèle pour une production annuelle de 60 000 cafés.

2. Calculer le seuil de rentabilité en volume et en chiffre d'affaires sachant que chaque café est vendu 3 euros.

3. Retrouver les conclusions précédentes sur un seul et même graphique.

4. Estimer graphiquement la date à laquelle sera atteint chacun des seuils de rentabilité.

5. Quel est le meilleur choix ?

Éléments de corrigé

Les éléments en gras sont issus de l'énoncé. Tous les autres éléments sont calculés.

Prix de vente d'un café : **3 euros.**

	P1	P2	P3
Charges de structure	**15 000**	**25 000**	**60 000**
Bénéfice attendu	**20 000**	**45 000**	**80 000**
Marge sur coûts variables	35 000	70 000	140 000
Production prévisionnelle	**70 000**	**70 000**	**70 000**
Marge sur coût variable unitaire	0,5	1	2
Production réelle	**60 000**	**60 000**	**60 000**
Marge sur coûts variables	30 000	60 000	120 000
Charges de structure	15 000	25 000	60 000
Bénéfice	15 000	35 000	60 000
Seuil de rentabilité en volume	30 000	25 000	30 000
Seuil de rentabilité en chiffre d'affaires	90 000	75 000	90 000

Le meilleur choix dépend des évolutions attendues du marché ainsi que de la sécurité attachée aux prévisions. Si la prévision de 70 000 cafés vendus par an est très fiable, alors il faut choisir le percolateur P3 car c'est celui qui procure les meilleurs bénéfices. Si, au contraire, les prévisions ne sont pas suffisamment fiables et qu'il faut s'attendre à une variation importante de la demande d'une année sur l'autre, alors il faut préférer le percolateur P2 car c'est celui qui a le seuil de rentabilité le plus bas et par conséquent la marge de sécurité la plus importante.

Visualisation graphique des seuils de rentabilité

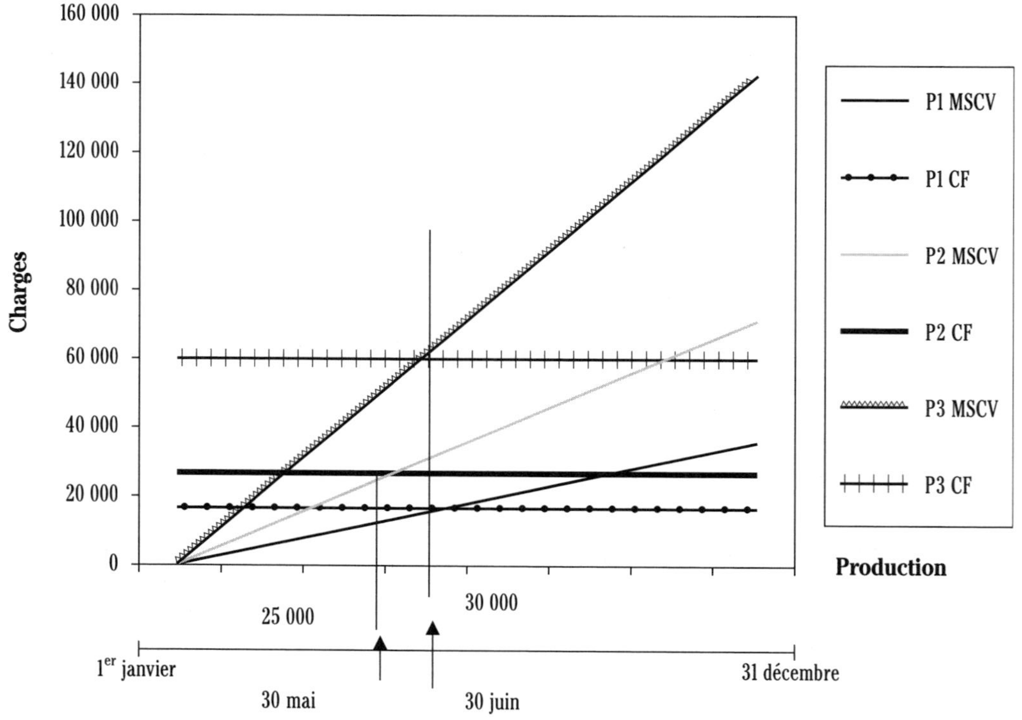

Vous trouverez des éléments de révision sur le seuil de rentabilité dans l'ouvrage Comptabilité de gestion, *chapitre 1, section 2, paragraphe 2.*

Maré

L'entreprise Maré produit et commercialise des châssis devant servir de support à des toiles pour peinture. Son activité normale est mesurée en nombre de châssis fabriqués et vendus, soit 150 000 châssis qui sont vendus 122 euros pièce.

Le budget normal pour cette activité est le suivant :

	Budget normal
Charges directes	
Matières premières (bois et petites fournitures)	5 250 000
Main-d'œuvre directe	6 750 000
Charges indirectes	2 700 000
Total	14 700 000

Au mois de mars, Maré a fabriqué 120 000 châssis qu'elle a vendus à un prix unitaire de 122 euros.

Les charges réelles du mois de mars correspondant à cette activité s'élèvent à :

- 4 200 000 € pour les matières premières ;
- 5 400 000 € pour la main-d'œuvre directe ;
- 2 340 000 € pour les charges indirectes.

Pour les mois suivants, Maré prévoit que cette activité sera limitée à 75 % de sa capacité de production. Quel budget mensuel doit-elle alors prévoir ?

L'évolution défavorable de son marché amène Maré à s'interroger sur l'activité minimale qu'il lui faut maintenir pour que l'activité « fabrication de châssis » ne remette pas en cause l'équilibre financier de l'entreprise. Quelle est votre opinion ?

Éléments de corrigé

Les éléments en gras sont issus de l'énoncé. Tous les autres éléments sont calculés.

	Budget normal	Activité réelle
Niveau d'activité	1	0,80
Chiffre d'affaires	18 300 000	14 640 000
Charges directes :		
Matières premières	**5 250 000**	**4 200 000**
MOD	**6 750 000**	**5 400 000**
Charges indirectes	**2 700 000**	**2 340 000**

Pour observer le comportement des charges, on ramène l'ensemble des éléments à une unité produite. Il apparaît alors que les matières premières et la main-d'œuvre sont des charges variables. En revanche, les charges indirectes unitaires croissent avec la diminution de l'activité. C'est le phénomène du degré d'absorption des charges fixes que l'on observe ici. Ce comportement des charges indirectes signifie qu'elles sont composées d'une partie fixe et d'une partie variable.

Production	150 000	120 000
Prix de vente	122	122
Charges directes		
Consommation de matières	35	35
MOD	45	45
Charges indirectes	18	20
dont variable unitaire	*12*	*12*
dont fixes totales	*900 000*	*900 000*

Il faut donc rechercher la part des charges fixes totales (CF) et celle des charges variables unitaires (CV) dans les charges indirectes. À partir des informations données, on obtient :

2 700 000 = 150 000 CV + CF

2 340 000 = 120 000 CV + CF

Ce qui donne : 360 000 = 30 000 CV, soit charges variables unitaires = 12 et charges fixes totales = 900 000.

On peut alors calculer le budget correspondant à un niveau d'activité de 75 % de la capacité de production.

Niveau d'activité	**0,75**
Production	112 500
Chiffre d'affaires	13 725 000
Charges directes	
Matières premières	3 937 500
MOD	5 062 500
Charges indirectes	2 250 000
dont variable unitaire	*12*
dont fixe	*900 000*

De même, il est possible de calculer un seuil de rentabilité qui indiquera à Maré le seuil minimal d'activité lui permettant de couvrir ses charges fixes.

Prix de vente	122
Matières premières	35
MOD	45
Charges indirectes variables	12

Charges variables	92
Marge sur coûts variables	30
Charges fixes	900 000

Seuil de rentabilité	30 000 produits 3 660 000 € de CA

Si Maré vend 30 000 châssis, pour un chiffre d'affaires de 3 660 000 €, alors la marge sur coûts variables dégagée lui permettra de couvrir ses charges fixes et par conséquent le résultat de l'activité « production et commercialisation de châssis » sera nul. Au-delà, le résultat sera bénéficiaire.

Vous trouverez des éléments de révision sur le seuil de rentabilité dans l'ouvrage Comptabilité de gestion, *chapitre 1, section 2, paragraphe 2.*

Les entreprises Suthep

Les entreprises Suthep 1 et 2 semblent, de prime abord, très comparables : chiffre d'affaires de 12 000 000 et résultat de 2 000 000. La seule différence réside dans la structure des charges puisque, dans le cas de Suthep 1, les charges fixes s'élèvent à 5 500 000 alors que celles de Suthep 2 ne sont que de 1 000 000.

Vous porterez un jugement sur ces deux entreprises, à la lumière de ces éléments et de ceux que vous reconstituerez.

Éléments de corrigé

Les éléments en gras sont issus de l'énoncé. Tous les autres éléments sont calculés.

	Suthep 1	Suthep 2
Chiffre d'affaires	**12 000 000**	**12 000 000**
Charges fixes	**5 500 000**	**1 000 000**
Charges variables	4 500 000	9 000 000
Total charges	10 000 000	10 000 000
Résultat	**2 000 000**	**2 000 000**

Le chiffre d'affaires est de 12 000 000 et le résultat de 2 000 000, donc les charges totales s'élèvent à 10 000 000.

– Pour Suthep 1, les charges fixes étant de 5 500 000, les charges variables se montent à 4 500 000.

– Pour Suthep 2, les charges fixes étant de 1 000 000, les charges variables se montent à 9 000 000.

On peut, à partir de ces éléments, calculer :

1. Les seuils de rentabilité :

	Suthep 1	Suthep 2
Chiffre d'affaires	**12 000 000**	**12 000 000**
Charges variables	4 500 000	9 000 000
Marge sur coûts variables Taux de marge sur coûts variables	7 500 000 62,5 %	3 000 000 25 %
Charges fixes	5 500 000	1 000 000
Seuil de rentabilité	8 800 000	4 000 000

Soit, dans l'hypothèse où les ventes se répartissent régulièrement tout au long de l'année :

– au bout de 8 mois et 24 jours pour Suthep 1 ;

– au bout de 4 mois pour Suthep 2.

2. Les coefficients de sécurité : (CA – SR) / CA

	Suthep 1	Suthep 2
Coefficient de sécurité	26,67 %	66,67 %

3. Les leviers opérationnels : (Δ R / R) / (Δ CA / CA)

	Suthep 1	Suthep 2
Levier opérationnel	3,75	1,5

Ainsi, une variation de chiffre d'affaires de 10 % entraînera une variation du résultat de 37,5 % dans l'entreprise Suthep 1 mais de 15 % seulement dans l'entreprise Suthep 2.

	Suthep 1	Suthep 2
Chiffre d'affaires	13 200 000	13 200 000
Charges fixes Charges variables	**5 500 000** 4 950 000	**1 000 000** 9 900 000
Résultat	2 750 000	2 300 000

À la lumière de ces éléments nous constatons que ces deux entreprises, qui présentent pourtant un résultat identique au chiffre d'affaires de 12 000 000, sont très différentes en ce qui concerne leurs sensibilités – et donc leurs fragilités – aux variations d'activité.

En raison de ses charges de structure élevées, Suthep 1 n'atteint son seuil de rentabilité qu'après presque 9 mois d'activité. Elle présente donc un coefficient de sécurité relativement faible et sera particulièrement affectée par une baisse d'activité qui se répercuterait fortement sur son résultat. En revanche, toute augmentation de l'activité lui sera largement profitable, ainsi qu'en témoigne l'élasticité de son résultat par rapport au chiffre d'affaires.

Inversement, Suthep 2 atteint son seuil de rentabilité après seulement 4 mois d'activité. Elle présente donc un coefficient de sécurité relativement élevé et ne sera pas excessivement sensible à une baisse d'activité, la structure de ces charges lui permettant d'y faire face relativement confortablement. En revanche, une augmentation de l'activité ne lui sera que modérément profitable, ainsi qu'en témoigne l'élasticité de son résultat par rapport au chiffre d'affaires.

N'oublions cependant pas que ces indicateurs sont valables pour les structures « figées » telles que décrites dans l'énoncé. Ils ne tiennent pas compte des variations de rendement, des seuils de capacité de production, ou encore des phénomènes d'apprentissage, d'économies d'échelle, de fatigue des hommes et des machines.

Vous trouverez des éléments de révision sur le seuil de rentabilité et le levier opérationnel dans l'ouvrage Comptabilité de gestion, *chapitre 1, section 2, paragraphes 2 et 3.*

Le marché supplémentaire

L'entreprise Ouégoa fabrique des appeaux. Elle dispose d'une capacité de production de 15 000 appeaux par an pour lesquels les coûts de production unitaires sont les suivants.

Matières premières	63
Main-d'œuvre directe	145
Charges indirectes variables de production	91
Charges indirectes fixes de production	39
Coût de revient	338,00

L'ensemble de sa production était écoulé jusqu'à présent par l'intermédiaire de petits détaillants spécialisés dans les articles de pêche et de chasse. Le marché était alors limité à 12 000 appeaux par an vendus au prix moyen de 435 euros pièce. Quel est le résultat dégagé par cette activité ?

Au début de l'année, une chaîne de magasins spécialisés dans la découverte de la nature propose aux dirigeants de Ouégoa d'acheter 3 000 appeaux à 320 euros. Les dirigeants de Ouégoa doivent-ils saisir cette opportunité ?

Finalement, la chaîne de magasins pressentant un grand succès pour ces articles demande à l'entreprise Ouégoa de lui livrer 7 000 appeaux aux mêmes conditions que précédemment. Pour faire face à cette demande, les responsables de Ouégoa ont deux possibilités : soit investir dans un tour à bois supplémentaire (coût : 140 000 euros par an), soit renoncer à une partie des ventes chez les petits détaillants, étant entendu que la demande supplémentaire ne peut être fractionnée et qu'il faut par conséquent soit prendre l'ensemble du marché, soit y renoncer. Quel choix doit être opéré ?

Éléments de corrigé

Les éléments en gras sont issus de l'énoncé. Tous les autres éléments sont calculés.

Budget normal correspondant à la production normale.

	Coûts unitaires	Montant
Capacité de production		**15 000**
Matières premières	**63**	945 000
Main-d'œuvre directe	**145**	2 175 000
Charges indirectes variables de production	**91**	1 365 000
Charges indirectes fixes de production	**39**	585 000
Coût de revient	**338**	5 070 000

Résultat obtenu par la production et la vente de 12 000 appeaux.

	Coûts unitaires	Montant
Production annuelle		**12 000**
Matières premières	**63**	756 000
Main-d'œuvre directe	**145**	1 740 000
Charges indirectes variables de production	**91**	1 092 000
Charges indirectes fixes de production		585 000
Coût de revient	347,75	4 173 000
Prix de vente	435	5 220 000
Résultat	87,25	1 047 000

Marché supplémentaire : 3 000 appeaux

La vente des 12 000 appeaux permet à Ouégoa de couvrir ses charges de structure et de dégager un bénéfice. Ceci implique donc que tout marché supplémentaire peut être saisi à condition de ne pas excéder la capacité de production maximale (c'est le cas ici : 12 000 + 3 000 = 15 000) et dès lors que le prix de vente permet de couvrir le coût marginal, c'est-à-dire le coût variable supplémentaire. Ici le coût marginal est égal à 299 euros, le prix de vente permet donc de dégager un gain marginal de 21 euros par appeau. La proposition doit être acceptée. Ouégoa améliore ainsi son résultat de 63 000 euros.

	Coûts unitaires	Montant
Production		**3 000**
Matières premières	**63**	189 000
Main-d'œuvre directe	**145**	435 000
Charges indirectes variables de production	**91**	273 000
Coût de revient marginal	299	897 000
Prix de vente marginal	320	960 000
Résultat marginal	21	63 000

Marché supplémentaire : 7 000 appeaux

Si, pour livrer les 7 000 appeaux, Ouégoa choisit d'acquérir un nouveau tour à bois, le coût marginal des 7 000 appeaux sera égal à leur coût variable augmenté des charges fixes supplémentaires liées à l'investissement, soit 319 euros par appeau (299 euros + 140 000 / 7 000). Le gain marginal est donc de 1 euro par appeau. Du seul point de vue financier à court terme, la proposition doit être acceptée puisque Ouégoa améliore ainsi son résultat de 7 000 euros. Ce choix peut par ailleurs correspondre à une stratégie commerciale d'entrée sur un nouveau marché. Il faut cependant se poser la question de la pérennité de ce nouveau marché : les 140 000 euros de charges fixes supplémentaires correspondent à l'amortissement du tour à bois, c'est une charge qui pèsera dorénavant sur les coûts de production de Ouégoa et il faut donc que cet accroissement de la capacité de production soit justifié par des ventes durablement augmentées.

	Coûts unitaires	Montant
Production		7 000
Matières premières	63	441 000
Main-d'œuvre directe	145	1 015 000
Charges indirectes variables de production	91	637 000
Charges fixes supplémentaires		140 000
Coût de revient marginal	319	2 233 000
Prix de vente marginal	320	2 240 000
Résultat marginal	1	7 000

Si, pour livrer les 7 000 appeaux, Ouégoa choisit de renoncer aux ventes aux détaillants, alors le résultat marginal correspond au manque à gagner lié à la différence entre les deux prix de vente (les coûts sont les mêmes : ce sont ceux correspondant à une production de 15 000 appeaux).

Par rapport à une production initiale de 12 000 appeaux :

- Augmentation des charges variables : 3 000 × 299 euros : – 897 000 €
- Variation du chiffre d'affaires : 7 000 × 320 – 4 000 × 435 : + 500 000 €

Soit une influence marginale sur le résultat de : – 397 000 €

Le résultat ne sera donc que de 650 000 euros. On peut penser que cette solution ne sera pas choisie par Ouégoa qui lui préférera l'investissement dans un tour supplémentaire... à condition que le marché puisse être reconduit dans les années suivantes. Dans le cas contraire, Ouégoa sera vraisemblablement amené à décliner l'offre de la chaîne de magasins sauf si, pour des raisons stratégiques et commerciales, les dirigeants de l'entreprise choisissent de passer outre les résultats financiers.

		Ventes aux détaillants	Ventes à la chaîne	Total
Capacité de production		8 000	7 000	15 000
Matières premières	63	504 000	441 000	945 000
Main-d'œuvre directe	145	1 160 000	1 015 000	2 175 000
Charges indirectes variables de production	91	728 000	637 000	1 365 000
Coûts variables	299	2 392 000	2 093 000	4 485 000

		Ventes aux détaillants	Ventes à la chaîne	Total
Charges indirectes fixes de production				585 000
Coût de revient	338	2 704 000	2 366 000	5 070 000
Prix de vente	381,33	3 480 000	2 240 000	5 720 000
Résultat	43,33	776 000	– 126 000	650 000

Vous trouverez des éléments de révision sur le coût marginal dans l'ouvrage Comptabilité de gestion, *chapitre 1, section 2, paragraphe 2.*

La société Maroni

La société Maroni fabrique des moteurs pour pirogues fluviales par séries de 80 unités. Les charges fixes mensuelles s'élèvent à 3 200 euros et les charges variables unitaires à 390 euros. Au-delà d'une production de 400 unités, les charges fixes sont multipliées par deux en raison des amortissements des investissements nécessaires.

1. Présenter, pour des fabrications de 320, 400, 480, 560 et 640 unités, le coût de production total, le coût de production unitaire, le coût marginal d'une série supplémentaire, le coût marginal d'une unité supplémentaire.

2. La société a accepté une commande de 400 unités à un prix de vente unitaire de 420 €. Une commande supplémentaire, également à 420 €, lui est proposée. Doit-elle accepter ou refuser cette nouvelle commande :

– si elle porte sur 80 unités ?

– si elle porte sur 160 unités ?

– si elle porte sur 240 unités ?

Éléments de corrigé

Les éléments en gras sont issus de l'énoncé. Tous les autres éléments sont calculés.

Production	Unitaire	320	400	480	560	640
Charges variables	**390**	124 800	156 000	187 200	218 400	249 600
Charges fixes mensuelles	**3 200**	3 200	3 200	3 200	3 200	3 200
Charges fixes > 400 unités	**3 200**			3 200	3 200	3 200
Coût de production total		128 000	159 200	193 600	224 800	256 000
Coût de production unitaire		400	398	403,33	401,43	400
Coût marginal d'une série			31 200	34 400	31 200	31 200
Coût marginal d'une unité			390	430	390	390

Le coût marginal d'une série est le coût d'une série supplémentaire. Par exemple, le coût marginal de la série supplémentaire qui fait passer la production de 320 à 400 unités est de :

159 200 – 128 000 = 31 200 €.

Le coût marginal d'une unité est le coût d'une unité supplémentaire. Par exemple, le coût marginal d'une unité de la série supplémentaire qui fait passer la production de 320 à 400 unités est de :

31 200 / 80 = 390 €.

La commande de 400 unités à un prix de vente unitaire de 420 € permet à Maroni de dégager un résultat de 8 800 euros, soit 22 € par unité.

Prix de vente	**420**	168 000
Coût de production	398	159 200
Résultat	22	8 800

La commande supplémentaire générerait un chiffre d'affaires marginal mais également des coûts marginaux ; en utilisant les informations calculées du premier tableau, on obtient les résultats suivants :

Production	400	480	560	640
Chiffre d'affaires marginal / 400 unités		33 600	67 200	100 800
Coût marginal / 400 unités		34 400	65 600	96 800
Résultat marginal / 400 unités		– 800	1 600	4 000
Résultat total	8 800	8 000	10 400	12 800
Résultat unitaire	22	16,67	18,57	20

Accepter une commande de 80 unités amoindrit le résultat total de Maroni. La société a donc intérêt à accepter cette commande uniquement si celle-ci porte sur 160 unités ou plus puisque, dans ce dernier cas, elle améliore son résultat global.

Vous trouverez des éléments de révision sur les coûts marginaux et différentiels dans l'ouvrage Comptabilité de gestion, *chapitre 1, section 2, paragraphe 2.*

L'entreprise Brasilito

L'entreprise Brasilito fabrique et commercialise des objets en faïence. Sa comptabilité de gestion distingue quatre centres d'analyse des charges indirectes :

- l'atelier 1 où sont fabriqués les produits bruts à partir de terres de poterie ;
- l'atelier 2 où sont fabriqués les produits finis qui y sont cuits et émaillés ;
- le centre de commercialisation des produits finis ;
- le service administratif.

Prévisions mensuelles de l'exercice N correspondant à l'activité normale (production normale : 4 600 produits finis).

	Atelier 1	Atelier 2
Charges fixes	248 400	256 680
Charges variables	132 480	152 352
Unités d'œuvre	heure d'emploi de la MOD (1)	heure machine (2)
Nombre d'unités d'œuvre	4 140	1 656

(1) L'heure d'emploi de la main-d'œuvre directe correspond à 9/10e du temps de présence.

(2) L'heure machine correspond à 8/10e du temps d'emploi.

Coût de production prévisionnel du produit fini.

	Quantité	Coût unitaire	Montant
Terres	7,2 kg	14,4	103,68
MOD atelier 1	0,9 heure	60	54
Charges indirectes atelier 1	0,9 heure	92	82,8
Émaux / vernis	2,7 kg	21,6	58,32
MOD atelier 2	0,45 heure	48	21,6
Charges indirectes atelier 2	0,36 heure	247	88,92
Coût unitaire du produit fini			409,32

Les charges du centre de commercialisation sont considérées comme variables et estimées à 10 % du prix de vente qui s'élève à 550 euros.

Les charges du service administratif sont indépendantes de l'activité et sont estimées à 300 000 euros par mois.

La production et les ventes se répartissent uniformément à raison de 4 600 unités par mois sur l'ensemble de l'année de travail (soit 11 mois, fermeture annuelle en août). De même, les charges de structure sont réparties uniformément sur les 11 mois d'activité.

1. Calculer la marge sur coût variable annuelle espérée et le résultat annuel espéré.

2. Combien faut-il vendre de produits pour atteindre le seuil de rentabilité ? À quelle date celui-ci sera-t-il atteint ?

Une commande supplémentaire de 1 000 produits mensuels livrables à partir de la fin du mois de juin est offerte à Brasilito. Pour faire face à cette production supplémentaire, des équipements nouveaux seraient nécessaires, ce qui augmenterait les charges de structure de 420 000 euros annuellement. Les nouveaux équipements devraient être mis en service dès le début du mois de juin. Les consommations variables seraient quant à elles conformes aux prévisions pour l'année, sauf les charges de distribution qui ne seraient que de 40 euros pour chaque nouvelle unité vendue.

3. Quel est le prix de vente minimal pour cette nouvelle commande (Brasilito veut conserver le résultat annuel provenant de ses ventes précédentes).

4. Si l'accord est conclu au prix de vente unitaire de 450 € par unité (les prix de vente précédents étant inchangés) et qu'une augmentation de 10 % des salaires est appliquée à partir du 1er juin, quel est le résultat prévisionnel de N ?

(D'après sujet d'examen.)

Éléments de corrigé

Les éléments en gras sont issus de l'énoncé. Tous les autres éléments sont calculés.

Il faut tout d'abord déterminer les montants de charges fixes et de charges variables dans les charges indirectes. Comme le lien entre l'activité d'un centre d'analyse et la production de ce même centre est déterminé, on peut directement travailler de façon unitaire par produit.

	Unitaire	Total (pour 4 600 produits)
Charges indirectes de l'atelier 1	**82,8**	380 880
dont charges fixes	54	**248 400**
et charges variables	28,8	**132 480**
Charges indirectes de l'atelier 2	**88,92**	409 032
dont charges fixes	55,8	**256 680**
et charges variables	33,12	**152 352**

1. Il est alors possible de déterminer le volume de charges variables par produit et, ce faisant, **la marge sur coûts variables.**

	Unitaire	Total (pour 4 600 produits)
Prix de vente	**550**	2 530 000
Terres	**103,68**	476 928
MOD atelier 1	**54**	248 400
Charges indirectes variables de l'atelier 1	28,8	132 480
Émaux / vernis	**58,32**	268 272
MOD atelier 2	**21,60**	99 360
Charges indirectes variables de l'atelier 2	33,12	152 352
Charges de production	299,52	1 377 792
Charges de commercialisation (1)	55	253 000
Coûts variables	354,52	1 630 792
Marge sur coûts variables	195,48	899 208

(1) Les charges de commercialisation représentent 10 % du prix de vente.

2. On peut alors déterminer le résultat unitaire, mensuel (correspondant à 4 600 produits) et annuel (correspondant à 11 mois d'activité).

	Unitaire 1	Mois 4 600 produits	Année 11 mois
Marge sur coûts variables	195,48	899 208	9 891 288
Charges fixes atelier 1		**248 400**	2 732 400
Charges fixes atelier 2		**256 680**	2 823 480
Charges fixes administratives		**300 000**	3 300 000
Charges fixes		805 080	8 855 880
Résultat	20,46	94 128	1 035 408

Le taux de marge sur coûts variables est donc de 35,54 % (195,48 / 550).

Le chiffre d'affaires correspondant au seuil de rentabilité est de 24 916 789,44 €, c'est-à-dire : 35,54 % CA = 8 855 880 €.

Comme le chiffre d'affaires mensuel est de 2 530 000 et que les ventes sont supposées se répartir uniformément sur l'année, le seuil de rentabilité sera atteint au bout de 9,85 mois (24 916 789,44 / 2 530 000), c'est-à-dire après 9 mois et 26 jours, soit le 26 novembre.

3. Pour que Brasilito conserve le résultat annuel provenant de ses ventes précédentes (soit 1 035 408 euros), il faut que **le prix de vente minimal** de la nouvelle commande soit égal à son coût marginal, soit :

	Unitaire 1	Mois **1 000**	Année **6 mois**
Coût marginal de production	299,52	299 520	1 797 120
Coût marginal de distribution	**40**	40 000	240 000
Coût marginal de structure	70	70 000	**420 000**
Coût marginal	409,52	409 520	2 457 120

Le prix de vente minimal de la nouvelle commande est donc de 409,52 € unitaire, soit 409 520 € par mois.

4. Résultat prévisionnel de l'année N

	Commande classique		Commande supplémentaire	
	Unitaire 1	Annuelle **50 600**	Unitaire 1	Annuelle **6 000**
Chiffre d'affaires	**550**	27 830 000	**450**	2 700 000
Terres	**103,68**	5 246 208	**103,68**	622 080
MOD atelier 1	**54**	2 732 400	**54**	324 000
Augmentation de MOD de juin à décembre	5,4	149 040 (1)	5,4	32 400
Charges indirectes variables de l'atelier 1	28,8	1 457 280	28,8	172 800

	Commande classique		Commande supplémentaire	
	Unitaire 1	Annuelle **50 600**	Unitaire 1	Annuelle **6 000**
Émaux / vernis	**58,32**	2 950 992	**58,32**	349 920
MOD atelier 2	**21,60**	1 092 960	**21,6**	129 600
Augmentation de MOD de juin à décembre	2,16	59 616 (2)	2,16	12 960
Charges indirectes variables de l'atelier 2	33,12	1 675 872	33,12	198 720
Charges de production	303,64	15 364 368	307,08	1 842 480
Charges de commercialisation	**55**	2 783 000	**40**	240 000
Coûts variables	358,64	18 147 368	347,08	2 082 480
Marge sur coûts variables	191,36	9 682 632	102,92	617 520

(1) L'augmentation des salaires ne prend effet que le 1er juin, ce qui représente en volume annuel : 10 % × 54 × 4 600 produits × 6 mois (compte tenu de l'interruption du mois d'août).

(2) L'augmentation des salaires ne prend effet que le 1er juin, ce qui représente en volume annuel : 10 % × 21,60 × 4 600 produits × 6 mois (compte tenu de l'interruption du mois d'août).

	Année	
Marge totale sur coûts variables	10 300 152	9 682 632 + 617 520
Charges fixes	8 855 880	*Cf.* détermination du résultat unitaire, mensuel et annuel
Charges fixes supplémentaires	**420 000**	
Résultat prévisionnel	1 024 272	

Vous trouverez des éléments de révision sur les coûts variables, le seuil de rentabilité et le coût marginal dans l'ouvrage Comptabilité de gestion, *chapitre 1, section 2, paragraphes 1 et 2.*

L'entreprise Phitsanulok

L'entreprise Phitsanulok élève et commercialise des poulets et des canards. Elle achète des volailles d'un jour et les élève pendant 6 semaines dans des pièces chauffées en les nourrissant de miettes d'aliments complets.

À l'issue de cette période de 6 semaines, une partie des volailles est « transférée » à des éleveurs associés, l'autre partie est élevée par les services d'élevage de l'entreprise. Les transferts – internes comme externes – sont valorisés au coût réel d'élevage.

Les services « élevage de poulets » et « élevage de canards » poursuivent l'élevage jusqu'à 14 semaines, en nourrissant les volailles de céréales diverses, puis vendent les bêtes.

La comptabilité analytique de l'entreprise vous permet de connaître les différents éléments constitutifs des coûts dans chacun des centres :

	Centre « élevage de poussins et de canetons »	Centre « élevage de poulets »	Centre « élevage de canards »	Entreprise
Achats externes de volailles	145 000			
Achats internes de volailles		150 000	100 000	
Frais variables de nourritures	115 000	150 000	150 000	
Frais fixes spécifiques	140 000	200 000	250 000	
Frais fixes communs				100 000
Ventes « externes »	150 000	700 000	900 000	
Ventes internes à « élevage de poulets »	150 000			
Ventes internes à « élevage de canards »	100 000			

1. Représenter schématiquement le processus de production ainsi que les relations entre les centres.

2. Intégrer les informations de l'année N dans un tableau des entrées-sorties, selon le modèle proposé ci-après.

Ressources \ Emplois	Élevage de poussins et canetons	Élevage de poulets	Élevage de canards	Structure	Total	Ventes externes	Total emplois
Élevage poussins/canetons							
Élevage de poulets							
Élevage de canards							
Total							
Achats externes de volailles							
Achats de nourritures							
Frais fixes							
Résultats							
Total ressources							

3. Pour N + 1, les évolutions suivantes sont attendues en raison d'une soudaine désaffection des consommateurs pour le poulet, soupçonné de véhiculer « la grippe du poulet » :

– Diminution des volumes vendus de poulets de 20 % en dépit d'une baisse des prix de vente de 10 %.

– Augmentation des volumes vendus de canards de 15 % en dépit d'une hausse des prix de vente de 5 %.

– Les ventes aux éleveurs associés diminuent en volume de 5 %.

– Les prix des poussins et des canetons d'un jour devraient rester stables dans un premier temps.

– Les prix des différentes nourritures vont augmenter de 5 %.

– Les frais « fixes » (fixes en volume), constitués essentiellement des loyers des locaux, vont augmenter en moyenne de 4 %.

Établir, dans un premier temps, un tableau des entrées-sorties à prix inchangés, c'est-à-dire en ne répercutant que les variations de volume.

Puis établir le tableau des entrées-sorties définitif en répercutant les variations de prix.

Éléments de corrigé

Les éléments en gras sont issus de l'énoncé. Tous les autres éléments sont calculés.

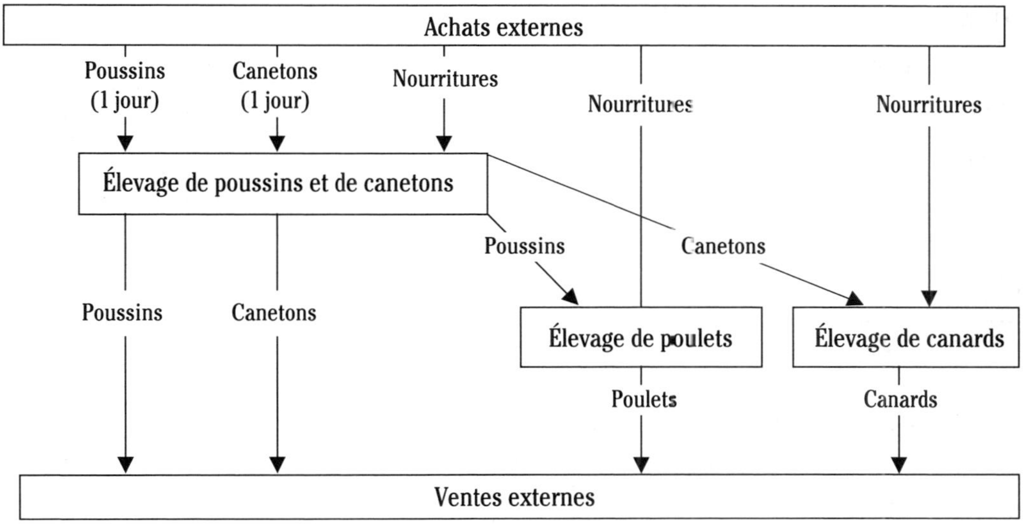

Tableau des entrées-sorties de N :

Emplois / Ressources	Élevage de poussins et canetons	Élevage de poulets	Élevage de canards	Structure	Total	Ventes externes	Total emplois
Élevage poussins/canetons	0	**150 000**	**100 000**		250 000	**150 000**	400 000
Élevage de poulets	0	0	0		0	**700 000**	700 000
Élevage de canards	0	0	0		0	**900 000**	900 000
Total	0	150 000	100 000	0	250 000	1 750 000	2 000 000
Achats externes de volailles	**145 000**				145 000		
Achats de nourritures	**115 000**	**150 000**	**150 000**		415 000		
Frais fixes	**140 000**	**200 000**	**250 000**	**100 000**	690 000		
Résultats	**0**	200 000	400 000	– 100 000	500 000		
Total ressources	400 000	700 000	900 000	0	2 000 000		

Le centre « élevage de poussins et canetons » cède sa production au coût réel d'élevage, son résultat est donc nul, c'est un centre de coût.

Résultat du centre « élevage de poulets » = ventes (700 000) – charges (500 000) = 200 000.

Résultat du centre « élevage de canards » = ventes (900 000) – charges (500 000) = 400 000.

Les charges de structure communes viennent en déduction des contributions dégagées par les centres d'élevage.

Tableau des entrées-sorties à prix inchangés :

Ressources \ Emplois	Élevage de poussins et canetons	Élevage de poulets	Élevage de canards	Structure	Total	Ventes externes	Total emplois
Élevage poussins/canetons	0	120 000	115 000		235 000	142 500	377 500
Élevage de poulets	0	0	0		0	560 000	560 000
Élevage de canards	0	0	0		0	1 035 000	1 035 000
Total	0	120 000	115 000	0	235 000	1 737 500	1 972 500
Achats externes de volailles	136 844				136 844		
Achats de nourritures	108 531	120 000	172 500		401 031		
Frais fixes	140 000	200 000	250 000	100 000	690 000		
Résultats	– 7 875	120 000	497 500	– 100 000	509 625		
Total ressources	377 500	560 000	1 035 000	0	1 972 500		

Les ventes externes de poulets diminuent de 20 % en volume : 700 000 × 0,80 = 560 000.

Donc les charges variables d'élevage de poulets diminuent de 20 % :

– élevage de poussins (achats) = 150 000 × 0,80 = 120 000 ;

– achats de nourritures : 150 000 × 0,80 = 120 000.

Les ventes externes de canards augmentent de 15 % en volume : 900 000 × 1,15 = 1 035 000.

Donc les charges variables d'élevage de canards augmentent de 15 % :

– élevage de canards (achats) = 100 000 × 1,15 = 115 000 ;

– achats de nourritures : 150 000 × 1,15 = 172 500.

D'où résultat de l'élevage de poulets : ventes (560 000) – charges (440 000) = 120 000.

Et résultat de l'élevage de canards : ventes (1 035 000) – charges (537 500) = 497 500.

Pour le centre « élevage de poussins et de canetons » :

– ventes externes diminuent de 5 % : 150 000 × 0,95 = 142 500 ;

– auxquelles doivent s'ajouter les ventes internes = 120 000 + 115 000 = 235 000 ;

– = 377 500 = total emplois = total ressources.

– On a donc 377 500 / 400 000 = 0,94375 = taux d'accroissement des charges variables, appliqué aux achats externes de volailles et de nourritures.

Le résultat observé sur le centre « élevage des poussins et canetons » (– 7 875) ne figure ici que pour la vérification de l'équilibre arithmétique « emplois/ressources » du tableau. Il sera, bien sûr, éliminé lors de l'établissement du tableau définitif, ce centre étant un centre de coût, son résultat est par définition nul.

Tableau des entrées-sorties définitif

Emplois / Ressources	Élevage de poussins et canetons	Élevage de poulets	Élevage de canards	Structure	Total	Ventes externes	Total emplois
Élevage poussins/canetons	0	126 008	120 758		246 767	149 635	396 402
Élevage de poulets	0	0	0		0	504 000	504 000
Élevage de canards	0	0	0		0	1 086 750	1 086 750
Total	0	126 008	120 758	0	246 767	1 740 385	1 987 152
Achats externes de volailles	136 844				136 844		
Achats de nourritures	113 958	126 000	181 125		421 083		
Frais fixes	145 600	208 000	260 000	104 000	717 600		
Résultats	0	43 992	524 867	– 104 000	464 858		
Total ressources	396 402	504 000	1 086 750	0	1 987 152		

- Élevage de poussins et de canetons :

– achats externes de volailles : prix stable = 136 844

– achats de nourritures : les prix augmentent de 5 % : 108 531 × 1,05 = 113 958

– frais fixes : les prix augmentent de 4 % : 140 000 × 1,04 = 145 600

– total ressources = 396 402 = total emplois

D'où augmentation moyenne de prix des emplois : 396 402 / 377 500 = 1,05 (5 %) :

→ pour le centre « élevage de poulets » : 120 000 × 1,05 = 126 008

→ pour le centre « élevage de canards » : 115 000 × 1,05 = 120 758

→ pour les ventes externes : 142 500 × 1,05 = 149 635

- Élevage de poulets :

– ventes externes : les prix de vente diminuent de 10 % = 560 000 × 0,90 = 504 000 = total emplois = total ressources

– achats de nourritures : les prix augmentent de 5 % : 120 000 × 1,05 = 126 000

– frais fixes : les prix augmentent de 4 % : 200 000 × 1,04 = 208 000

D'où résultat = ventes externes (504 000) – charges (460 008) = 43 992

- Élevage de canards : raisonnements identiques

- Frais fixes de structure : les prix augmentent de 4 % : 100 000 × 1,04 = 104 000

Vous trouverez des éléments de révision sur le tableau des entrées/sorties dans l'ouvrage Comptabilité de gestion, *chapitre 1, section 3, paragraphes 1 et 2.*

CHAPITRE II

Mise sous tension de l'appareil de production

Mettre sous contrôle et sous tension l'appareil de production, c'est notamment utiliser les techniques quantitatives, inspirées de la comptabilité, pour minimiser les coûts. Il s'agit d'isoler chacun des facteurs explicatifs de la dérive des coûts en cherchant à mettre en évidence les responsabilités des acteurs externes ou internes.

Premier objectif : neutraliser les effets de la variation d'activité sur les coûts en mettant en œuvre une imputation rationnelle des charges fixes pour isoler les coûts de chômage ou les boni de suractivité.

Second objectif : s'assurer du respect des objectifs, contrôler l'utilisation des ressources et mesurer l'impact de toute dérive sur le résultat de l'organisation à l'aide des coûts standards et de l'analyse des écarts.

Un QCM d'évaluation vous amène à vérifier vos connaissances théoriques sur les sujets abordés ; des exercices vous permettent de maîtriser les points essentiels de ce chapitre.

L'entreprise Saül vous aide à vous familiariser avec les notions de budgets normaux, flexibles et d'imputation rationnelle.

L'entreprise Kao et *l'entreprise Conchal* vous conduisent à mettre en œuvre la méthode d'imputation rationnelle des charges fixes.

L'entreprise Sukhothai vous fait calculer des écarts sur charges directes et indirectes, avec et sans encours.
L'Annuaire des anciens, *Cestrel* et *la tonnellerie Max* vous permettent de réaliser des contrôles budgétaires.
La société Samoonrai cherche à mieux cerner les mécanismes de création et de gestion de la valeur.

QCM

Remarque : pour chacune des questions suivantes, plusieurs propositions peuvent être vraies ou partiellement vraies ; il peut également arriver qu'aucune des réponses proposées ne convienne (ARNC : « **a**ucune **r**éponse **n**e **c**onvient »).

1. Le coût complet normal d'un produit est de 100 (charges fixes incluses). Si l'activité diminue, le coût complet sera alors :

- ❑ Inférieur à 100.
- ❑ Égal à 100.
- ❑ Supérieur à 100.
- ❑ ARNC.

2. Le coût complet normal d'un produit est de 100 (charges fixes incluses). Si l'activité augmente, le coût complet avec imputation rationnelle des charges fixes sera alors :

- ❑ Inférieur à 100.
- ❑ Égal à 100.
- ❑ Supérieur à 100.
- ❑ ARNC.

3. La méthode de l'imputation rationnelle des charges fixes consiste :

- ❑ À rationaliser les charges fixes.
- ❑ À imputer les charges fixes.
- ❑ À variabiliser les charges fixes.
- ❑ ARNC.

4. La droite des coûts d'imputation rationnelle est de la forme :

- ❑ ax + b.
- ❑ ax.
- ❑ a.
- ❑ ARNC.

5. Le coefficient d'imputation rationnelle est égal au rapport :

- ❑ Activité normale / activité réelle.
- ❑ Production normale / production réelle.
- ❑ Production réelle / production normale.
- ❑ ARNC.

6. Un coût standard dit « parfait » est établi :

- ❑ En estimant nuls ou presque les déchets et pannes.
- ❑ En cherchant à rendre le plus parfaitement compte de la réalité.
- ❑ En tenant compte d'amples fluctuations autour de la moyenne.
- ❑ ARNC.

7. Un coût standard doit nécessairement et uniquement correspondre :

- ❑ À une situation idéale.
- ❑ À une situation « moyenne ».

❑ Aux normes techniques définies par les fournisseurs des machines.

❑ ARNC.

8. Le rendement normal est :

❑ La quantité d'unités d'œuvre théorique d'un centre d'analyse.

❑ Le nombre théorique de produits réalisés par un centre d'analyse.

❑ Le nombre théorique de produits réalisés par unité d'œuvre.

❑ ARNC.

9. La quantité préétablie d'unités d'œuvre est donnée par le rapport :

❑ Rendement normal / activité normale.

❑ Rendement normal / production normale.

❑ Activité normale / production normale.

❑ ARNC.

10. Le budget correspondant à l'activité de référence d'un centre d'analyse est :

❑ Le budget normal.

❑ Le budget prévisionnel.

❑ Le budget flexible.

❑ ARNC.

11. L'écart global résulte de la confrontation :

❑ Du coût préétabli de la production préétablie et du coût réel de la production réelle.

❑ Du coût préétabli de la production préétablie et du coût réel de la production préétablie.

❑ Du coût préétabli de la production réelle et du coût réel de la production réelle.

❑ ARNC.

12. Le qualificatif « favorable » ou « défavorable » concernant un écart s'entend :

❑ De façon générale, au niveau global de l'entreprise.

❑ De façon particulière, au niveau du seul centre analysé.

❑ Par rapport au seul résultat comptable de l'année.

❑ ARNC.

13. Les causes de formation d'écarts :

❑ Peuvent être liées à des causes externes à l'entreprise.

❑ Sont toujours liées à des causes externes à l'entreprise.

❑ Sont toujours du fait de l'entreprise.

❑ ARNC.

14. Lorsque la stratégie de l'entreprise repose sur une différenciation (produits non banalisés), le rôle des coûts standard dans le suivi et la mesure de la performance est :

❑ Très important.

❑ Assez important.

❑ Peu important.

❑ ARNC.

15. L'écart sur activité correspond à une logique :
- ❑ De budget flexible.
- ❑ De budget d'imputation rationnelle des charges fixes.
- ❑ De quantités.
- ❑ ARNC.

16. Le contrôle budgétaire consiste :
- ❑ À contrôler la régularité des engagements.
- ❑ À fixer une limite supérieure à la dépense.
- ❑ À comparer périodiquement les prévisions budgétaires et les réalisations.
- ❑ À vérifier la cohérence des différents budgets.
- ❑ ARNC.

17. Lorsqu'il y a des charges fixes, une augmentation de la production :
- ❑ Ne change pas les charges fixes unitaires.
- ❑ Change les charges fixes totales.
- ❑ Ne change pas les charges variables unitaires.
- ❑ Ne change pas les charges variables totales.
- ❑ ARNC.

18. La courbe ci-dessous représente :

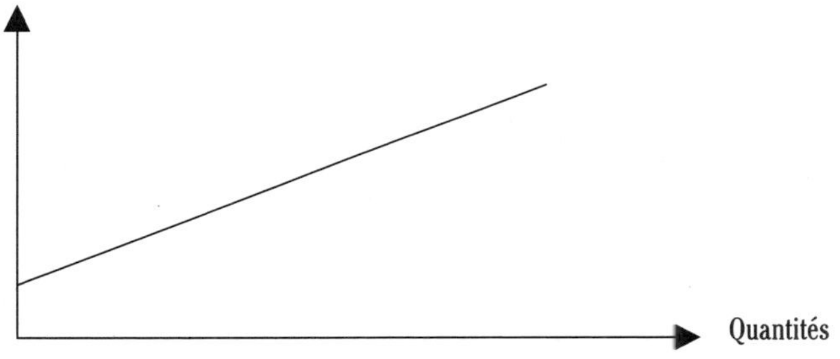

- ❑ Le comportement des charges fixes unitaires.
- ❑ Le comportement des charges fixes totales.
- ❑ Le comportement des charges variables unitaires.
- ❑ Le comportement des charges variables totales.
- ❑ ARNC.

19. L'analyse de la valeur consiste à trouver un compromis entre :
- ❑ Le prix de vente maximal et la valeur nette comptable du produit.
- ❑ Le prix de vente minimal et la valeur nette comptable du produit.
- ❑ La réduction des coûts et les qualités nécessaires du produit.
- ❑ ARNC.

20. L'analyse de la valeur a des implications :
- ❑ Sur l'ensemble de l'entreprise.
- ❑ Uniquement sur les services en contact avec les consommateurs (marketing, études, etc.).
- ❑ Uniquement sur les services de production.
- ❑ ARNC.

Éléments de corrigé

1. Le coût complet normal d'un produit est de 100. Si l'activité diminue, le coût complet sera alors **supérieur à 100**. C'est le phénomène du degré d'absorption des charges fixes que l'on observe ici.
Éléments de révision: Comptabilité de gestion. *Chapitre 2, section 1, paragraphe 1.*

2. Le coût complet normal d'un produit est de 100. Si l'activité augmente, le coût complet avec imputation rationnelle des charges fixes sera alors **égal à 100** puisque l'objectif de la méthode de l'IRCF est de gommer les conséquences des variations de l'activité sur les coûts.
Éléments de révision: Comptabilité de gestion. *Chapitre 2, section 1, paragraphe 2.*

3. La méthode de l'imputation rationnelle des charges fixes consiste à **« variabiliser » les charges fixes** puisque l'analyse est réalisée en utilisant des « charges fixes imputées » correspondant aux charges fixes réelles corrigées du pourcentage de variation de l'activité (coefficient d'imputation rationnelle).
Éléments de révision: Comptabilité de gestion. *Chapitre 2, section 1, paragraphe 2.*

4. La droite des coûts d'imputation rationnelle est de la forme **ax** avec a = coût complet unitaire normal et x = activité.
Éléments de révision: Comptabilité de gestion. *Chapitre 2, section 1, paragraphes 2 et 3.*

5. Le coefficient d'imputation rationnelle est égal au rapport activité réelle / activité normale. Donc **aucune réponse ne convient.**
Éléments de révision: Comptabilité de gestion. *Chapitre 2, section 1, paragraphe 2.*

6. Un standard « parfait » est établi **en estimant nuls ou presque les déchets et pannes**, les rebuts, les temps de repos, etc. C'est le standard normatif qui, cherchant à rendre le plus parfaitement compte de la réalité, est établi en tenant compte de fluctuations autour de la moyenne.
Éléments de révision: Comptabilité de gestion. *Chapitre 2, section 2, paragraphe 2.*

7. Un coût standard ne doit pas nécessairement et uniquement correspondre à l'une des situations proposées (donc **aucune réponse ne convient**). Standard normatif et standard parfait présentent tous deux des qualités et des limites dont il faut tenir compte lors du choix entre l'un et l'autre. Ce choix dépendra des objectifs assignés aux coûts standard.
Éléments de révision: Comptabilité de gestion. *Chapitre 2, section 2, paragraphe 2.*

8. Le rendement normal est le **nombre théorique de produits réalisés par unité d'œuvre**. La quantité d'unités d'œuvre théorique d'un centre d'analyse est l'activité normale et le nombre théorique de produits réalisés par un centre d'analyse est la production normale. Ces trois éléments étant bien sûr liés.

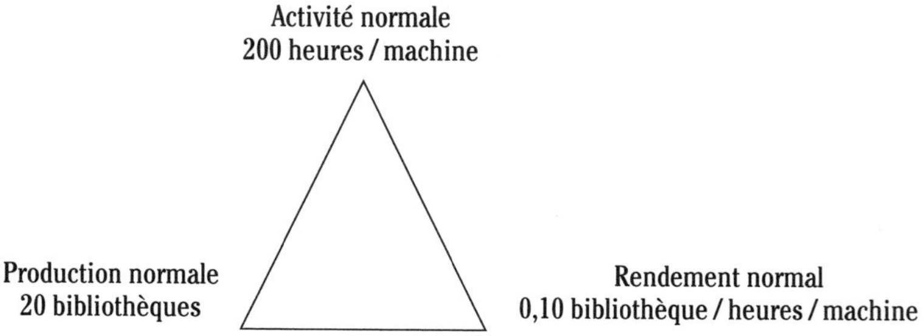

Éléments de révision: Comptabilité de gestion. *Chapitre 2, section 3, paragraphe 2.*

9. La quantité préétablie d'unités d'œuvre est donnée par le rapport **activité normale / production normale.**
Éléments de révision: Comptabilité de gestion. *Chapitre 2, section 3 paragraphe 2.*

10. Le budget correspondant à l'activité de référence d'un centre d'analyse est le **budget normal.** L'adjectif « normal » est utilisé ici dans le sens de la norme : qui sert de règle, de modèle, de référence.
Éléments de révision: Comptabilité de gestion. *Chapitre 2, section 3 paragraphe 2.*

11. L'écart global résulte de la **confrontation entre le coût préétabli de la production réelle et le coût réel de la production réelle.** La confrontation du coût préétabli de la production préétablie et du coût réel de la production réelle donne l'écart total.
Éléments de révision: Comptabilité de gestion. *Chapitre 2, section 2, paragraphe 2 et section 3, paragraphe 2.*

12. Le qualificatif « favorable » ou « défavorable » concernant un écart s'entend **par rapport au seul résultat comptable de l'année.** C'est l'influence sur le résultat comptable à court terme qui est mise en évidence. Les conséquences à plus long terme comme celles sur d'autres aspects de la politique de l'entreprise ne sont pas ici qualifiées. Il est donc fondamental d'approfondir l'analyse de chaque écart.
Éléments de révision: Comptabilité de gestion. *Chapitre 2, sections 2 et 3.*

13. Les causes de formation d'écarts **peuvent évidemment être liées à des causes externes à l'entreprise** (variation des prix d'achat, par exemple).
Éléments de révision: Comptabilité de gestion. *Chapitre 2, section 2, paragraphe 2 et section 3, paragraphe 2.*

14. Lorsque la stratégie de l'entreprise repose sur une différenciation, le rôle des coûts standard dans le suivi et la mesure de la performance est **peu important** puisque l'entreprise ne tire pas son avantage concurrentiel d'une domination par les coûts.
Éléments de révision: Comptabilité de gestion. *Chapitre 2, sections 1, 2 et 3.*

15. L'écart sur activité correspond à une **logique de budget d'imputation rationnelle** des charges fixes.
Éléments de révision: Comptabilité de gestion. *Chapitre 2, section 3, paragraphe 2.*

16. Le contrôle budgétaire consiste à **comparer périodiquement les prévisions budgétaires et les réalisations.**
Éléments de révision: Comptabilité de gestion. *Chapitre 2, sections 2 et 3.*

17. Lorsqu'il y a des charges fixes, une augmentation de la production **ne change pas les charges variables unitaires** (qui sont fixes). Avec l'accroissement de la production, les charges variables totales augmentent, les charges fixes totales restent constantes et les charges fixes unitaires décroissent.
Éléments de révision: Comptabilité de gestion. *Chapitre 2, section 1, paragraphe 1.*

18. La courbe représentée symbolise le comportement du coût total (donc **aucune réponse ne convient**) qui est de la forme : (charges variables unitaires × quantités) + charges fixes totales.
Éléments de révision: Comptabilité de gestion. *Chapitre 2, section 3, paragraphe 2.*

19. L'analyse de la valeur consiste à trouver un compromis entre **la réduction des coûts et les qualités nécessaires du produit.** C'est le processus de travail « qui permet de réaliser le produit optimal, c'est-à-dire celui qui satisfait les fonctions nécessaires et elles seules, pour le coût minimal » (J. Lachnitt).
Éléments de révision: Comptabilité de gestion. *Chapitre 2, section 5, paragraphe 1.*

20. L'analyse de la valeur a des implications **sur l'ensemble de l'entreprise.** C'est une remise en cause de toute l'entreprise puisqu'il s'agit d'évaluer les attentes exactes du consommateur et les services rendus par l'entreprise pour répondre à ces besoins. C'est donc un examen de la stratégie de l'entreprise, de sa politique commerciale, de ses méthodes de conception et de production, de ses choix de circuits de distribution (etc.) et de l'adéquation de l'ensemble de ces éléments avec les attentes du consommateur.
Éléments de révision: Comptabilité de gestion. *Chapitre 2, section 5, paragraphe 1.*

APPLICATIONS

L'entreprise Saül

À la suite d'une inondation, l'entreprise Saül ne dispose plus que de quelques informations sur son budget. Elle vous charge de reconstruire, à partir de ces informations, les budgets normal, flexible et d'imputation rationnelle dont elle a besoin pour le suivi de sa gestion.

- Activité normale : 134 000 unités produites.
- Coût fixe unitaire normal : 38 euros.
- Montant total du budget flexible : 7 236 000 euros, pour une activité correspondant à 80 % de la capacité de production.

Éléments de corrigé

Les éléments en gras sont issus de l'énoncé. Tous les autres éléments sont calculés.

1. Les informations sur le budget normal permettent de connaître le montant des charges fixes normales : 38 × 134 000 = 5 092 000 euros.

2. Ce montant de charges fixes figurera également dans le budget flexible puisque celui-ci n'est qu'une déclinaison du budget normal en fonction du niveau d'activité réelle.

3. Connaissant par ailleurs le montant total du budget flexible, il est possible de déduire le montant des charges variables totales du budget flexible :

7 236 000 – 5 092 000 = 2 144 000 euros.

4. Sachant que les quantités produites correspondant à l'activité réelle sont de : 134 000 × 80 % = 107 200, alors les charges variables unitaires sont de 20 euros (2 144 000 / 107 200).

5. Le budget normal et le budget flexible étant reconstitués, il ne reste plus qu'à les décliner sous la forme de budget d'imputation rationnelle des charges fixes :

– coût variable unitaire = 20 ;

– charges fixes imputées = 5 092 000 × 80 % = 4 073 600 ;

– coût de chômage = 5 092 000 – 4 073 600 = 1 018 400.

	Budget normal	**Budget flexible**	**Budget d'imputation rationnelle**
Niveau d'activité	100	80	80
Quantités produites	**134 000**	107 200 (4)	107 200
Charges variables	2 680 000 (5)	2 144 000 (3)	2 144 000
Charges fixes	5 092 000 (1)	5 092 000 (2)	4 073 600
Coût total	7 772 000	**7 236 000**	6 217 600

	Budget normal	Budget flexible	Budget d'imputation rationnelle
Coût total unitaire	58	67,5	58
Charges variables unitaires	20 (5)	20 (4)	20 (5)
Charges fixes unitaires	**38**	47,5	38
Coût de chômage			1 018 400 (5)

Vous trouverez des éléments de révision sur les budgets normaux, flexibles et d'imputation rationnelle dans l'ouvrage Comptabilité de gestion, *chapitre 1, section 2, paragraphe 2 et chapitre 2, section 1.*

L'entreprise Kao

L'entreprise Kao dispose d'une capacité de production de 5 000 produits. Lorsqu'elle réalise des simulations de résultat, elle obtient les informations suivantes :

1. *Si les calculs sont réalisés en coûts complets* :

Avec un taux d'activité de 100 %, le résultat escompté est de 20 000 euros.

Avec un taux d'activité de 60 %, le résultat escompté est de 0.

2. *Si les calculs mettent en œuvre la méthode d'imputation rationnelle des charges fixes* :

Avec un taux d'activité de 100 %, le résultat escompté est de 20 000 euros.

Avec un taux d'activité de 60 %, le résultat escompté est de 12 000 euros.

Ces informations vous paraissent-elles cohérentes ? Comment est-il possible de les justifier ?

Éléments de corrigé

Que le résultat soit le même, quelle que soit la méthode de calcul, pour un taux d'activité de 100 % devrait vous paraître naturel puisque, dans les deux cas, l'intégralité des charges de structure est incorporée au coût du produit.

En revanche, la différence de résultat pour un taux d'activité de 60 % nous permet de dire que, lorsque 60 % seulement des charges de structure pèsent sur le coût du produit, alors le résultat est supérieur de 12 000 euros au résultat avec un coût complet de produit.

On en déduit que 40 % des charges de structure égalent 12 000 euros.

D'où 100 % des charges de structure = 12 000 / 40 % = 30 000 euros.

On sait qu'avec un niveau d'activité de 100 % de sa capacité, le résultat dégagé est de 20 000 euros. D'où marge sur coûts variables = 20 000 + 30 000 = 50 000 euros, soit 10 euros par unité.

Puisqu'on ne dispose pas de plus amples informations, toute solution permettant d'obtenir une marge sur coût variable unitaire de 10 euros est acceptable : prix de vente 100 et charges variables 90 ; prix de vente 40 et charges variables 30 ; etc. On posera ici l'hypothèse que le prix de vente est de 25 euros et que les charges variables unitaires valent 15 euros.

	Coûts complets		IRCF	
Niveau d'activité	100 %	60 %	100 %	60 %
Quantités vendues	5 000	3 000	5 000	3 000
Prix de vente	25	25	25	25
Charges variables unitaires	15	15	15	15
Chiffre d'affaires	125 000	75 000	125 000	75 000
Charges variables	75 000	45 000	75 000	45 000
Marge sur coûts variables	50 000	30 000	50 000	30 000
Charges fixes	30 000	30 000	30 000	18 000
Résultat	20 000	0	20 000	12 000

Si le prix de vente était de 100 euros et les charges variables unitaires de 90, les résultats seraient identiques.

	Coûts complets		IRCF	
Niveau d'activité	100 %	60 %	100 %	60 %
Quantités vendues	5 000	3 000	5 000	3 000
Prix de vente	100	100	100	100
Charges variables unitaires	90	90	90	90
Chiffre d'affaires	500 000	300 000	500 000	300 000
Charges variables	450 000	270 000	450 000	270 000
Marge sur coûts variables	50 000	30 000	50 000	30 000
Charges fixes	30 000	30 000	30 000	18 000
Résultat	20 000	0	20 000	12 000

Vous trouverez des éléments de révision sur l'imputation rationnelle des charges fixes dans l'ouvrage Comptabilité de gestion, *chapitre 2, section 1.*

L'entreprise Conchal

L'entreprise Conchal fabrique des sièges auto pour bébés qu'elle décline en trois modèles : le modèle Classique, le modèle Fun et le modèle Luxe. À chacun de ces modèles correspond une chaîne de fabrication propre. Les coûts unitaires suivants ont pu être établis (en euros).

	Classique	Fun	Luxe
Matières premières	180	250	340
Main-d'œuvre directe	260	260	260
Charges indirectes de production	250	270	250
(dont charges indirectes fixes)	(50 %)	(50 %)	(40 %)
Charges indirectes de distribution	200	250	400
(dont charges indirectes fixes)	(20 %)	(20 %)	(50 %)

L'activité de l'entreprise est mesurée pour chaque modèle, indépendamment les uns des autres, en terme de quantités produites. Pour le mois de septembre de cette année, vous établissez les informations suivantes :

	Classique	Fun	Luxe
Activité normale	25 000	15 000	15 000
Activité réelle	30 000	18 000	8 000
Quantités vendues	30 000	18 000	8 000
Prix de vente unitaire	1 400	1 600	2 000

1. Quels sont les coûts et résultats de chaque modèle (en coût complet et en méthode d'imputation rationnelle des charges fixes) ?

2. Reconstituer un compte de résultat comptable en mettant en évidence le lien avec les résultats obtenus par la méthode de l'imputation rationnelle des charges fixes.

NB : la demande étant supposée constante, on négligera les variations de stocks (matières et produits).

Éléments de corrigé

Les éléments en gras sont issus de l'énoncé. Tous les autres éléments sont calculés.

Modèle Classique

	En coûts complets			En méthode IRCF	
Activité normale	**25 000**		Activité normale	25 000	
Activité réelle	**30 000**		Activité réelle	30 000	
Charges variables			Charges variables		
Matières premières	**180**	5 400 000	Matières premières	180	5 400 000

	En coûts complets			En méthode IRCF	
Main-d'œuvre directe	**260**	7 800 000	Main-d'œuvre directe	260	7 800 000
CV de production	**125**	3 750 000	CV de production	125	3 750 000
CV de distribution	**160**	4 800 000	CV de distribution	160	4 800 000
CF normales production	**125**	3 125 000	CF imputées production	125	3 750 000
CF normales distribution	**40**	1 000 000	CF imputées distribution	40	1 200 000
Coût de revient	862,50	25 875 000	**Coût de revient**	890,00	26 700 000
CA	**1 400,00**	42 000 000	**CA**	1 400,00	42 000 000
Résultat	537,50	16 125 000	**Résultat**	510,00	15 300 000
			Bonus de suractivité		825 000

Modèle Fun

	En coûts complets			En méthode IRCF	
Activité normale	**15 000**		Activité normale	15 000	
Activité réelle	**18 000**		Activité réelle	18 000	
Charges variables			Charges variables		
Matières premières	**250**	4 500 000	Matières premières	250	4 500 000
Main-d'œuvre directe	**260**	4 680 000	Main-d'œuvre directe	260,00	4 680 000
CV de production	**135**	2 430 000	CV de production	135	2 430 000
CV de distribution	**200**	3 600 000	CV de distribution	200	3 600 000
CF normales production	**135**	2 025 000	CF imputées production	135	2 430 000
CF normales distribution	**50**	750 000	CF imputées distribution	50	900 000
Coût de revient	999,17	17 985 000	**Coût de revient**	1 030,00	18 540 000
CA	**1 600,00**	28 800 000	**CA**	1 600,00	28 800 000
Résultat	600,83	10 815 000	**Résultat**	570,00	10 260 000
			Bonus de suractivité		555 000

Modèle Luxe

	En coûts complets			En méthode IRCF	
Activité normale	**15 000**		Activité normale	15 000	
Activité réelle	**8 000**		Activité réelle	8 000	
Charges variables			Charges variables		
Matières premières	**340**	2 720 000	Matières premières	340	2 720 000

	En coûts complets			En méthode IRCF	
Main-d'œuvre directe	**260**	2 080 000	Main-d'œuvre directe	260,00	2 080 000
CV de production	**150**	1 200 000	CV de production	150	1 200 000
CV de distribution	**200**	1 600 000	CV de distribution	200	1 600 000
CF normales production	**100**	1 500 000	CF imputées production	100	800 000
CF normales distribution	**200**	3 000 000	CF imputées distribution	200	1 600 000
Coût de revient	1 512,50	12 100 000	**Coût de revient**	1 250,00	10 000 000
CA	**2 000,00**	16 000 000	CA	2 000,00	16 000 000
Résultat	487,50	3 900 000	**Résultat**	750,00	6 000 000
			Malus de sous-activité (coût de chômage)		2 100 000

Soit, globalement, une différence d'imputation de 720 000 euros correspondant à un malus de sous-activité.

Compte de résultat

Achats de matières premières	12 620 000	Production vendue	86 800 000
Variation stocks matières premières	0		
		Production stockée	0
Charges de personnel	14 560 000		
Charges de production	14 030 000		
Charges de distribution	14 750 000		
Résultat	30 840 000		
	86 800 000		86 800 000

- Par rapport à la méthode de l'IRCF, la comptabilité générale tient compte de 720 000 de charges supplémentaires qui correspondent au malus de sous-activité.
- D'où un résultat « minoré » de 720 000 par rapport à la comptabilité de gestion.

Résultat comptabilité de gestion	31 560 000	(compte tenu de l'IRCF : 15 300 000 + 10 260 000 + 6 000 000)
Malus de sous-activité	720 000	
Résultat comptabilité générale	30 840 000	

Vous trouverez des éléments de révision sur l'imputation rationnelle des charges fixes dans l'ouvrage Comptabilité de gestion, *chapitre 2, section 1.*

L'entreprise Sukhothai

L'entreprise Sukhothai fabrique des petits bouddhas en bois ou en bronze qu'elle destine aux touristes fréquentant les temples de l'ancienne capitale du royaume du Siam désireux d'en rapporter un souvenir. Sa production mensuelle normale de bouddhas en bronze est de 4 000 pièces pour lesquelles les charges prévisionnelles sont les suivantes :

Charges directes :

- Bronze : 200 grammes par pièce à 80 € le kilogramme.
- Main-d'œuvre directe (manutention, finition, polissage) : 20 minutes par pièce à 12 €/heure.

Charges indirectes :

- Centre fonderie : 30 minutes par pièce. Le coût prévisionnel de ce centre est de 35 200 €. Les trois quarts de ce coût sont indépendants du volume d'activité.
- Centre moulage : 15 minutes par pièce. Le coût prévisionnel de ce centre est de 30 000 € dont 10 000 sont indépendants du volume d'activité.

Au mois de septembre, la production stockée a été de 4 050 unités (pas d'encours). Les charges du mois ont été les suivantes :

– 825 kg de bronze pour 64 000 euros,

– 1 350 heures de personnel pour 17 000 euros,

– 2 020 heures machine dans le centre fonderie pour 34 000 euros de charges indirectes,

– 1 000 heures machine dans le centre moulage pour 34 000 euros de charges indirectes.

1. Établir la fiche de coûts standard d'un bouddha.

2. Déterminer et analyser le plus finement possible l'écart total.

3. Établir la fiche de coûts standard d'un bouddha en cours en tenant compte des coefficients d'équivalence suivants : 100 % pour la matière, 40 % pour la main-d'œuvre, 30 % pour les charges indirectes.

4. Déterminer et analyser le plus finement possible l'écart total dans le cas où la production stockée est de 4 000 unités, les encours en début de mois sont de 100 unités et ceux en fin de mois sont de 200.

Éléments de corrigé

Les éléments en gras sont issus de l'énoncé. Tous les autres éléments sont calculés.

Par convention, « F » signifie que l'écart est favorable et « D » signifie qu'il est défavorable.

Fiche de coûts standard d'un bouddha en bronze

	Quantité	Prix unitaire	Montant
Charges directes			
Bronze	**0,2 kg**	**80**	16
MOD	**0,33**	**12**	4
Charges indirectes			
Centre fonderie	**0,5**	**17,6**	8,8
Centre moulage	**0,25**	**30**	7,5
Total			36,3

Production normale : 4 000

Production réelle : 4 050

	Coûts réels de la production réelle (1)			Coûts préétablis de la production réelle (2)			Écart global	Coûts préétablis de la production prévue (3)			Écart sur volume	Écart total
	Q	PU	Montant	Q	PU	Montant	2 – 1	Q	PU	Montant	3 – 2	3 – 1
Charges directes												
Bronze	**825**	77,58	**64 000**	810	80	64 800	800 F	800	80	64 000	800 D	0
MOD	**1 350**	12,59	**17 000**	1 350	12	16 200	800 D	1 333,33	12	16 000	200 D	1 000 D
Charges indirectes												
Centre fonderie	**2 020**	16,83	**34 000**	2 025	17,60	35 640	1 640 F	2 000	17,60	35 200	440 D	1 200 F
Centre moulage	**1 000**	34	**34 000**	1 012,5	30	30 375	3 625 D	1 000	30	30 000	375 D	4 000 D
Total	**4 050**	36,79	149 000	4 050	36,30	147 015	1 985 D	4 000	36,30	145 200	1 815 D	3 800 D

L'écart total constate la dérive entre les coûts budgétés (de la production budgétée) et les coûts réels (de la production réelle). L'analyser consiste à rechercher les causes de divergences entre les prévisions et les réalisations.

Dans un premier temps, nous allons isoler l'influence du volume de production, ainsi que le propose le PCG 82, en décomposant l'écart total en deux sous-écarts :

– l'écart sur volume,

– et l'écart global.

L'écart sur volume confronte le volume de production réel et le volume prévisionnel, valorisés aux coûts préétablis des facteurs de production. Il représente donc « l'erreur » de prévision commise lors de l'établissement des budgets. On comprend que le qualificatif de « favorable » ou de « défavorable » n'a pas véritablement de sens ici : un écart sur volume défavorable signifie que la production réelle a été supérieure à la production prévue (c'est le cas ici : Sukhothai a produit 4 050 bouddhas au lieu de 4 000, les écarts sur volume sont tous défavorables) ; inversement, un écart sur volume favorable signifie que la production réelle a été inférieure à la production prévue.

L'écart sur volume est intéressant dans la mesure où il va permettre d'aller corriger les prévisions budgétaires des phases en aval du processus de production, et notamment les prévisions de trésorerie ou de résultat.

L'écart global, quant à lui, constate la différence entre coût réel et coût prévisionnel, valorisés par la production réelle. Il est donc directement utile au pilotage des phases opérationnelles, et donc ici de la production. Il va permettre d'observer et de quantifier les conséquences des dérives de coûts, de consommations, de rendements. C'est pourquoi, contrairement à l'écart sur volume, nous l'analyserons plus précisément en le décomposant.

1. Écarts sur charges directes

	Écart sur quantité	Écart sur prix	Écart global
Bronze	1 200 D	2 000 F	800 F
MOD	0	800 D	800 D

Écart sur quantité = (Qp – Qr) × Pp → Bronze : (825 – 810) × 80 = 1 200 D

→ MOD : (1 350 – 1 350) × 12 = 0

Écart sur prix : (Pp – Pr) × Qr → Bronze : (80 – 77,58) × 825 = 2 000 F

→ MOD : (12,59 – 12) × 1 350 = 800 D

2. Écarts sur charges indirectes

Centre fonderie	Budget normal	Budget flexible	Budget d'imputation rationnelle
Activité	2 000	2 020	2 020
Charges variables Charges fixes	8 800 26 400	8 888 26 400	8 888 26 664
Total	**35 200**	35 288	35 552
Coût d'unité d'œuvre Dont variable	17,6 4,4	17,47 4,4	17,6 4,4

Centre moulage	Budget normal	Budget flexible	Budget d'imputation rationnelle
Activité	1 000	1 000	1 000
Charges variables Charges fixes	20 000 10 000	20 000 10 000	20 000 10 000
Total	**30 000**	30 000	30 000
Coût d'unité d'œuvre Dont variable	30 **20**	30 20	30 20

Analyse des écarts globaux sur charges indirectes

	Rendement	Activité	Budget	Total
Centre fonderie	88 F	264 F	1 288 F	1 640 F
Centre moulage	375 F	0	4 000 D	3 625 D

- Écart sur rendement = (activité prévisionnelle – activité réelle) × coût préétabli d'UO

– centre fonderie : (2 025 – 2 020) × 17,6 = 88 F

– centre moulage : (1 012,5 – 1 000) × 30 = 375 F

- Écart sur activité = budget d'imputation rationnelle – budget flexible

– centre fonderie : 35 552 – 35 288 = 264 F

– centre moulage : 30 000 – 30 000 = 0

- Écart sur budget = coûts réels – budget flexible

– centre fonderie : 34 000 – 35 288 = 1 288 F

– centre moulage : 34 000 – 30 000 = 4 000 D

3. Fiche de coûts standard d'un bouddha en bronze - encours

	Quantité	Prix unitaire	Montant
Charges directes			
Bronze	**0,2 kg**	**80**	16
MOD	**0,13**	**12**	1,6
Charges indirectes			
Centre fonderie	**0,15**	**17,6**	2,64
Centre moulage	**0,075**	**30**	2,25
Total			22,49

Production normale : 4 000 | Encours début de mois : 100

Production réelle : 4 000 | Encours fin de mois : 200

	Coûts réels de la production réelle (1)			Coûts préétablis de la production réelle (2)			Écart global	Coûts préétablis de la production prévue (3)			Écart sur volume	Écart total
	Q	PU	Montant	Q	PU	Montant	2 – 1	Q	PU	Montant	3 – 2	3 – 1
Charges directes												
Bronze	**825**	77,58	**64 000**	820	80	65 600	1 600 F	800	80	64 000	1 600 D	0
MOD	**1 350**	12,59	**17 000**	1 346,67	12	16 160	840 D	1 333,33	12	16 000	160 D	1 000 D
Charges indirectes												
Centre fonderie	**2 020**	16,83	**34 000**	2 015	17,60	35 464	1 464 F	2 000	17,60	35 200	264 D	1 200 F
Centre moulage	**1 000**	34	**34 000**	1 007,5	30	30 225	3 775 D	1 000	30	30 000	225 D	4 000 D
Total	**4 000**	37,25	149 000	4 000	36,86	147 449	1 551 D	4 000	36,30	145 200	2 249 D	3 800 D

Quantités préétablies de la production réelle :

– Bronze : 4 000 × 0,2 – 100 × 0,2 + 200 × 0,2 = 820 kg

– MOD : 4 000 × 0,33 – 100 × 0,13 + 200 × 0,13 = 1 346,67 heures

– Centre fonderie : 4 000 × 0,5 – 100 × 0,15 + 200 × 0,15 = 2 015 unités d'œuvre

– Centre moulage : 4 000 × 0,25 – 100 × 0,075 + 200 × 0,075 = 1 007,5 unités d'œuvre

Pour les mêmes raisons que précédemment, nous concentrerons nos analyses sur l'écart global.

Écarts sur charges directes

	Écart sur quantité	Écart sur prix	Écart global
Bronze	400 D	2 000 F	1 600 F
MOD	40 D	800 D	840 D

Écart sur quantité = (Qp – Qr) × Pp → Bronze : (825 – 820) × 80 = 400 D

→ MOD : (1 350 – 1 346,67) × 12 = 40 D

Écart sur prix : (Pp – Pr) × Qr → Bronze : (80 – 77,58) × 825 = 2 000 F

→ MOD : (12,59 – 12) × 1 350 = 800 D

Écarts sur charges indirectes

Centre fonderie	Budget normal	Budget flexible	Budget d'imputation rationnelle
Activité	2 000	2 020	2 020
Charges variables Charges fixes	8 800 26 400	8 888 26 400	8 888 26 664
Total	**35 200**	35 288	35 552
Coût d'unité d'œuvre Dont variable	17,6 4,4	17,47 4,4	17,6 4,4

Centre moulage	Budget normal	Budget flexible	Budget d'imputation rationnelle
Activité	1 000	1 000	1 000
Charges variables Charges fixes	20 000 10 000	20 000 10 000	20 000 10 000
Total	**30 000**	30 000	30 000
Coût d'unité d'œuvre Dont variable	30 **20**	30 20	30 20

Analyse des écarts globaux sur charges indirectes

	Rendement	Activité	Budget	Total
Centre fonderie	88 D	264 F	1 288 F	1 464 F
Centre moulage	225 F	0	4 000 D	3 775 D

- Écart sur rendement = (activité prévisionnelle – activité réelle) × coût préétabli d'UO

– centre fonderie : (2 015 – 2 020) × 17,6 = 88 D

– centre moulage : (1 007,5 – 1 000) × 30 = 225 F

- Écart sur activité = budget d'imputation rationnelle – budget flexible

– centre fonderie : 35 552 – 35 288 = 264 F

– centre moulage : 30 000 – 30 000 = 0

- Écart sur budget = coûts réels – budget flexible

– centre fonderie : 34 000 – 35 288 = 1 288 F

– centre moulage : 34 000 – 30 000 = 4 000 D

La seule différence par rapport à la première partie de l'exercice (sans les encours) tient au volume de production, il n'y a pas de modification de l'activité. Par conséquent, seul l'écart sur rendement est affecté par la prise en compte des encours, les différents budgets n'étant pas modifiés.

Vous trouverez des éléments de révision sur le calcul des écarts sur charges directes et sur charges indirectes dans l'ouvrage Comptabilité de gestion, *chapitre 2, sections 2 et 3.*

L'annuaire des anciens étudiants

L'activité d'édition de l'annuaire des anciens étudiants de l'École des affaires présente des résultats financiers inquiétants. Le déficit s'élève cette année à 15 000 euros bien que de nombreux annonceurs aient acheté des espaces publicitaires.

Une analyse des charges liées à l'édition de l'annuaire est par conséquent décidée. Pour une production prévisionnelle de 1 000 annuaires, les éléments prévisionnels pour l'année étaient les suivants :

Charges directes :

- Papier : 200 grammes par annuaire à 5 € le kilogramme.
- Main-d'œuvre directe (saisie) : 100 heures à 30 € / heure.

Charges indirectes « Section annuaire des anciens ». L'activité de cette section est mesurée en équivalent heure de main-d'œuvre directe. Pour une activité normale, les charges variables s'élèvent à 40 000 € et les charges fixes à 10 000 €.

1. Établir la fiche de coûts standard d'un annuaire.

2. Mettre en évidence, calculer et analyser les écarts globaux sur charges directes et sur charges indirectes compte tenu des consommations réelles suivantes :

- Papier : 180 kg pour 936 €.
- MOD : 110 heures pour 3 520 €.
- Section annuaire : 44 000 €.
- Production réelle : 900 annuaires.

Éléments de corrigé

Les éléments en gras sont issus de l'énoncé. Tous les autres éléments sont calculés.

Par convention, « F » signifie que l'écart est favorable et « D » signifie qu'il est défavorable.

1. Fiche de coûts standard d'un annuaire

	Quantité	Prix unitaire	Montant
Charges directes			
Papier	**0,2**	**5**	1
MOD	**0,1**	**30**	3
Charges indirectes			
Section annuaire	**0,1**	500 (1)	50
Total			54

(1) (40 000 + 10 000) / 100

Production normale : **1 000.**

Production réelle : **900.**

	Coûts réels de la production réelle (1)			Coûts préétablis de la production réelle (2)			Écart global
	Q	PU	Montant	Q	PU	Montant	2 – 1
Charges directes							
Papier	**180**	5,2	**936**	180	5	900	– 36 D
MOD	**110**	32	**3 520**	90	30	2 700	– 820 D
Charges indirectes							
Section annuaire	**110**	400,00	**44 000**	90	500	45 000	1 000 F
Total	900	53,84	48 456	900	54	48 600	144 F

2. Les écarts

Écarts sur charges directes

	Écart sur quantité	Écart sur prix	Écart global
Papier	0	– 36 D	– 36 D
MOD	– 600 D	– 220 D	– 820 D

Écart sur quantité = (Qp – Qr) × Pp → Papier : (180 – 180) × 5 = 0

→ MOD : (90 – 110) × 30 = – 600 D

Écart sur prix : (Pp – Pr) × Qr → Papier : (5 – 5,20) × 180 = – 36 D

→ MOD : (30 – 32) × 110 = – 220 D

Écarts sur charges indirectes

Activité normale 100

Budget normal	Charges variables	Charges fixes	Coût total	Coût d'unité d'œuvre	Dont coût variable unitaire
Section annuaire	**40 000**	**10 000**	50 000	500	400

Activité réelle 110

Budget flexible	Charges variables	Charges fixes	Coût total	Coût d'unité d'œuvre
Section annuaire	44 000	10 000	54 000	490,91

Budget IRCF	Charges variables	Charges fixes imputées	Coût total	Coût d'unité d'œuvre
Section annuaire	44 000	11 000	55 000	500

Analyse des écarts globaux sur charges indirectes

	Rendement	Activité	Budget	Total
Section annuaire	10 000 D	1 000 F	10 000 F	1 000 F

- Écart sur rendement = (110 – 90) × 500 = 10 000 D. Il rend compte d'une dégradation du rendement de la section annuaire qui a utilisé 110 heures pour produire 900 annuaires, au lieu des 90 heures prévues.
- Écart sur activité = budget flexible – budget d'imputation rationnelle = 1 000 F. C'est un bonus de suractivité.
- Écart sur budget = budget flexible – coûts réels = 54 000 – 44 000 = 10 000 F. Les coûts réels ont été inférieurs aux coûts prévus dans le budget.

Vous trouverez des éléments de révision sur le calcul des écarts sur charges directes et sur charges indirectes dans l'ouvrage Comptabilité de gestion, *chapitre 2, sections 2 et 3.*

Cestrel

L'entreprise Cestrel est une entreprise de prêt-à-porter haut de gamme qui souhaite contrôler l'utilisation de ses ressources sur un produit test jugé particulièrement significatif, le modèle 2434, en mettant en œuvre la méthode des standards.

Lors du lancement en fabrication d'un nouveau modèle, le service « Étude du produit » établit un coût de revient industriel. Les paramètres de calcul de ce coût sont les suivants :

- *pour les matières* :

– la qualité et le coût du tissu choisi,

– la quantité nécessaire à la fabrication de chaque modèle,

– la nature et le coût des fournitures diverses ;

• *pour la fabrication* :

– les temps de passage dans les centres de coupe et de montage ; ces temps sont établis à partir du chronométrage de jeux d'essais,

– le coût / minute de chaque centre, calculé une fois par an, au début de l'exercice ; le coût / minute est égal au montant de l'ensemble des charges d'une unité de production autres que les achats de tissu, divisé par le temps global de travail exprimé en minutes.

La mise en fabrication du modèle 2434 a été prévue pour une série de 2 500 unités.

Fiche de coûts standard d'un modèle 2434

	Quantité	Prix unitaire
Tissu	1,21 m	51 € le mètre
Fournitures		9,15 €
Centre de coupe	3,60 min	2 € la minute
Montage usine	5,10 min	2,40 € la minute

Pour des raisons techniques, le coût global du centre de coupe est, pour une série, sensiblement constant, quel que soit le nombre de produits coupés. Le coût global du montage usine est fixe dans la proportion de deux tiers.

En réalité, 2 320 articles de ce modèle ont été fabriqués et ont nécessité les consommations suivantes :

– tissu : 3 050 mètres à 51,20 € le mètre ;

– fournitures : 22 228 € ;

– centre de coupe : 149 heures représentant 17 880 € ;

– montage usine : 198 heures représentant 29 700 € dont 20 196 € fixes.

1. Préciser en quelques lignes les objectifs de la méthode des standards et les conditions d'application nécessaires à son efficacité.

2. À partir des informations fournies, calculer et décomposer les écarts globaux entre prévisions et réalisations survenus sur le modèle 2434.

3. Expliquer l'origine possible des écarts mis en évidence et indiquer les actions correctives que l'on peut proposer.

(D'après sujet d'examen.)

Éléments de corrigé

Les éléments en gras sont issus de l'énoncé. Tous les autres éléments sont calculés.

Par convention, « F » signifie que l'écart est favorable et « D » signifie qu'il est défavorable.

1. Objectifs de la méthode des standards et conditions d'application nécessaires à son efficacité

La méthode des coûts standard a pour objectif premier de contrôler l'utilisation des ressources grâce au calcul et à l'évaluation des écarts et de permettre ainsi une mise sous tension de l'appareil de production. D'autres objectifs peuvent cependant être assignés aux coûts standard : élaborer des budgets, simplifier certains calculs de coûts, identifier de façon plus fine les responsabilités, etc.

Les conditions d'efficacité de cette méthode tiennent tout d'abord à la qualité des coûts standard utilisés qui doivent être réalistes (c'est-à-dire ni sous-estimés, ce qui engendre des découragements, ni surestimés, ce qui encourage le gaspillage) et révisés à une fréquence adaptée (trop souvent ils perdraient en visibilité, pas assez ils perdraient en pertinence). Le second facteur d'efficacité de cette méthode est lié à l'utilisation qui est faite des résultats obtenus : le contrôle budgétaire par l'analyse des écarts a pour vocation de déclencher des actions correctives. Il ne s'agit pas en effet uniquement de constater des dérives mais, partant de ce constat, de rechercher les causes de formation des écarts et de mettre en place des actions permettant d'y remédier. Le contrôle budgétaire par l'analyse des écarts n'est pas pour autant un contrôle systématique et exhaustif : il procède du principe de la gestion par exception, c'est-à-dire qu'il ne s'intéresse qu'aux seuls écarts significatifs.

Fiche de coûts standard d'un modèle 2434

	Quantité	Prix unitaire	Montant
Tissu	**1,21 m**	**51 € le mètre**	61,71
Fournitures		**9,15 €**	9,15
Centre de coupe	**3,60 min**	**2 € la minute**	7,2
Montage usine	**5,10 min**	**2,40 € la minute**	12,24
Total			90,30

Production normale : **2 500** modèles.
Production réelle : **2 320** modèles.

	Coûts réels de la production réelle (1)			Coûts préétablis de la production réelle (2)			Écart global 2 – 1
	Quantité	Prix unitaire	Montant	Quantité	Prix unitaire	Montant	
Charges directes							
• Tissu	**3 050**	**51,2**	156 160	2 807,2	51	143 167,20	– 12 992,80 D
• Fournitures			**22 228**			21 228	– 1 000 D
Charges indirectes							
• Centre de coupe	**8 940**	2	**17 880**	8 352	2	16 704	– 1 176 D
• Montage usine	**11 880**	2,5	**29 700**	11 832	2,4	28 396,8	– 1 303,2 D
Total	2 320	97,4	225 968	2 320	90,3	209 496	– 16 472 D

2. Les écarts

On constate globalement un écart défavorable de 16 472 € pour la production du modèle 2434, soit une dérive de près de 8 % du coût préétabli. Cet écart global résulte de dérapages des coûts sur chacun des éléments constitutifs du coût global du modèle 2434 puisque tous les écarts globaux sont défavorables.

Il semble cependant que les tissus soient les principaux éléments en cause avec un écart défavorable de 12 992,80 €. N'oublions pas cependant qu'un faible écart global peut cacher des sous-écarts de sens contraire et que l'analyse doit, par conséquent, être affinée.

Écarts sur charges directes

	Écart sur quantité	Écart sur prix	Écart global
Tissu	– 12 382,8 D	– 610 D	– 12 992,80 D
Fournitures			– 1 000 D

L'écart sur fournitures ne peut être décomposé puisque nous ne disposons pas des informations détaillant la composition de ce coût ; l'intérêt d'une telle décomposition est cependant amoindri par le montant relativement faible de cet écart.

La décomposition de l'écart sur tissu est, en revanche, riche d'enseignements puisque nous constatons que l'essentiel de l'écart global est dû à une surconsommation des matières et non à un dérapage des prix qui restent relativement conformes aux prévisions. Cet écart peut s'expliquer par :

– la qualité des standards. Avant de mettre en place quelques actions correctives, il faut s'interroger sur la fiabilité des standards utilisés : ceux-ci ne sont-ils pas trop « parfaits » ? N'y a-t-il pas lieu de corriger la norme technique de 1,21 mètre par modèle ?

– des problèmes de qualité du tissu : une matière première de médiocre qualité peut donner lieu à des déchets et des rebuts plus importants que prévu. Il faut vérifier ces éléments et, si besoin, étudier ce point avec les fournisseurs ;

– des problèmes internes au processus de production : personnel négligent ou sous-qualifié, mauvais réglage des machines, etc. Ces éléments doivent faire l'objet d'un contrôle.

Écarts sur charges indirectes

Activité normale du centre coupe : 9 000 minutes (2 500 modèles × 3,60 minutes)

Activité normale du centre montage : 12 750 minutes (2 500 modèles × 5,10 minutes)

Budget normal	Charges variables	Charges fixes	Coût total	Coût d'unité d'œuvre	Dont coût variable unitaire
Centre de coupe	0	18 000	**18 000**	**2**	0
Montage usine	10 200	20 400	**30 600**	**2,40**	0,80

« Le coût global du centre de coupe est, pour une série, sensiblement constant, quel que soit le nombre de produits coupés » signifie que le coût du centre de coupe est considéré comme fixe, d'où :

budget normal = activité normale × coût normal = 9 000 × 2 = 18 000 €, entièrement constitué de charges fixes.

« Le coût global du montage usine est fixe dans la proportion de deux tiers », d'où budget normal = activité normale × coût normal = 12 750 × 2,40 = 30 600 €, constitué pour deux tiers de charges fixes, soit : 20 400 €.

Activité réelle du centre coupe : 8 940 minutes (*cf.* énoncé : 149 heures × 60 minutes)

Activité réelle du centre montage : 11 880 minutes (*cf.* énoncé : 198 heures × 60 minutes)

Budget flexible	Charges variables	Charges fixes	Coût total	Coût d'unité d'œuvre
Centre de coupe	0	18 000	18 000	2,01
Montage usine	9 504	20 400	29 904	2,52

Coefficient d'activité du centre coupe : 8 940 / 9 000 = 99,33 %
→ charges fixes imputées = 18 000 × 99,33 % = 17 880.

Coefficient d'activité du centre montage : 11 880 / 12 750 = 93,18 %
→ charges fixes imputées = 20 400 × 93,18 % = 19 008.

Budget d'imputation rationnelle des charges fixes	Charges variables	Charges fixes imputées	Coût total	Coût d'unité d'œuvre
Centre de coupe	0	17 880	17 880	2
Montage usine	9 504	19 008	28 512	2,40

3. Analyse des écarts globaux sur charges indirectes

	Rendement	Activité	Budget	Total
Centre de coupe	– 1 176 D	– 120 D	120 F	– 1 176 D
Montage usine	– 115,20 D	– 1 392 D	204 F	– 1 303,20 D

L'essentiel de l'écart global du centre de coupe s'explique par un problème de rendement : le centre a travaillé 8 940 minutes pour couper 2 320 modèles alors que, s'il s'en était tenu aux normes techniques, il n'aurait dû travailler que 8 352 minutes, soit près de dix heures de dépassement.

Cet écart peut s'expliquer par :

– la qualité des standards. Avant de mettre en place quelques actions correctives, il faut s'interroger sur la fiabilité des standards utilisés : ceux-ci ne sont-ils pas trop « parfaits » ? N'y a-t-il pas lieu de corriger la norme technique de 3,60 minutes par modèle ?

– des problèmes de qualité des matières utilisées : une présomption de mauvaise qualité des tissus a été établie précédemment. Or, de la qualité de la matière première utilisée peut dépendre le niveau du rendement d'un centre. Il faut vérifier ces éléments pour ne pas incriminer le responsable du centre sur des éléments qu'il ne maîtrise pas ;

– des problèmes internes au processus de production : personnel négligent ou sous-qualifié, mauvais réglage des machines, etc. Ces éléments doivent faire l'objet d'un contrôle.

L'essentiel de l'écart global du centre de montage s'explique par un problème de sous-activité : le centre a travaillé 11 880 minutes alors qu'il avait la capacité de travailler 12 750 minutes, soit près de quinze heures de plus.

Cette sous-activité du centre de montage ne lui est pas imputable, il faut par conséquent rechercher les causes de formation de cet écart :

– soit vers l'amont : les problèmes de rendement du centre de coupe peuvent expliquer que la production transférée dans le centre de montage soit moins importante. Dans ce cas, c'est le centre de coupe qui doit être tenu pour responsable de l'écart d'activité du centre de montage ;

– soit vers l'aval : alors que la capacité de production est taillée pour 2 500 modèles, le marché n'a absorbé que 2 320 modèles : s'agit-il de variations conjoncturelles imputables aux responsables commerciaux ou bien faut-il redimensionner la capacité de production ?

Vous trouverez des éléments de révision sur le calcul des écarts sur charges directes et sur charges indirectes dans l'ouvrage Comptabilité de gestion, *chapitre 2, sections 2 et 3.*

La tonnellerie Max

Max Gevrey-Chambertin est tonnelier en Bourgogne. Son sérieux et la qualité de son travail lui ont permis de s'attacher progressivement une clientèle fidèle composée des plus grands châteaux du Bordelais – auxquels il fournit chaque année les barriques en chêne qui apportent complexité et aromatisation aux vins – mais aussi de nombreux propriétaires du Beaujolais, de Bourgogne, du val de Loire ou de la vallée du Rhône qu'il approvisionne essentiellement en « pièces » (fûts dont la contenance est comprise entre 215 et 225 litres).

Quel que soit le type de fût fabriqué, la méthode de fabrication est toujours la même et reste très proche des méthodes artisanales mises au point dès l'Antiquité. La tonnellerie acquiert des billots de chênes ou de châtaigniers qu'elle détaille en douelles (pièces de bois rectangulaires) dans un atelier « scierie ». Les douelles sont ensuite acheminées dans l'atelier de fabrication où elles sont assemblées. Il faut 30 douelles pour faire un fût. Enfin, et toujours dans l'atelier de fabrication, sont ajoutés les deux fonds du fût (préparés préalablement par la scierie avec des pièces de bois plus petites) et les six cercles en fer galvanisé qui donnent sa forme ventrue au tonneau.

Max vous communique les prévisions établies pour une production normale de 400 pièces :

- Billots de chênes — 1 200 billots pour un montant total de 300 000 €
- Cercles en fer galvanisé — 312 000 €
- Main-d'œuvre directe de la scierie — 500 heures à 95 €
- Main-d'œuvre directe de la fabrication — 2 400 heures à 132 €

La consultation du tableau de répartition des charges indirectes vous permet de connaître le montant des charges indirectes budgétées correspondant à l'activité normale de chacun des deux ateliers (l'activité normale des deux ateliers est mesurée en heures de main-d'œuvre directe).

	Scierie		Fabrication	
Charges indirectes	Charges variables	Charges fixes	Charges variables	Charges fixes
Matières consommables	6 400		88 400	
Main-d'œuvre indirecte	25 000	6 700	11 200	87 200
Charges sociales sur main-d'œuvre indirecte	8 750	2 400	4 000	30 650
Entretien / réparation du matériel	3 500		54 200	
Autres services extérieurs	1 350	2 300	34 200	3 200
Amortissement		5 600		42 150
Total répartition primaire	45 000	17 000	192 000	163 200

Au mois d'avril, la tonnellerie a finalement fabriqué 350 pièces. Max est inquiet de cette baisse d'activité et de ses conséquences sur les charges. Vous lui proposez d'analyser de façon détaillée les écarts constatés sur chacun des éléments en lui promettant de commenter vos résultats de façon intelligible pour un « non-gestionnaire ».

Charges constatées en avril :

• Billots de chênes	1 100 billots à 260 € l'unité
• Cercles en fer galvanisé	2 184 cercles à 125 € l'unité
• Main-d'œuvre directe de la scierie	525 heures pour 47 250 €
• Main-d'œuvre directe de la fabrication	2 000 heures pour 264 000 €
• Charges indirectes de la scierie	57 750 €
• Charges indirectes de la fabrication	290 000 €

1. Établir la fiche de coûts standard d'une pièce.

2. Mettre en évidence l'écart global de chacun des éléments de charge.

3. Décomposer chaque écart global afin de mettre en évidence les causes élémentaires de la formation des écarts.

4. Préparer une note de synthèse à l'attention de Max, récapitulant les éléments majeurs de votre analyse et indiquant les principaux enseignements à en tirer.

5. Le mois suivant (mai), 420 pièces ont été fabriquées et terminées. Il y avait 50 pièces en cours le 1er mai et 80 le 31 mai. Les charges réelles du mois de mai se sont élevées à 1 530 150 €. On vous précise que le coût préétabli d'une pièce en cours de fabrication repose sur la convention selon laquelle l'en-cours incorpore deux tiers du coût des matières et quatre cinquièmes des autres charges. Mettre en évidence l'écart sur coût de la production terminée d'une part et l'écart sur les charges du mois de mai d'autre part.

Éléments de corrigé

Les éléments en gras sont issus de l'énoncé. Tous les autres éléments sont calculés.

Par convention, « F » signifie que l'écart est favorable et « D » signifie qu'il est défavorable.

Fiche de coûts standard d'une pièce

	Quantité	Prix unitaire	Montant	
Charges directes				
Billots	**3**	**250**	750	1 200 billots / 400 pièces
Cercles en fer	**6**	**130**	780	énoncé: 6 cercles × 400 pièces = 312 000 F
MOD scierie	**1,25**	**95**	118,75	
MOD fabrication	**6**	**132**	792	
Charges indirectes				
Scierie	**1,25**	**124**	155	coût d'uo = (45 000 + 17 000) / 500 heures
Fabrication	**6**	**148**	888	coût d'uo = (192 000 + 163 200) / 2 400 heures
Total			3 483,75	

Production normale : **400** pièces

Production réelle : **350** pièces

	Coûts réels de la production réelle (1)			Coûts préétablis de la production réelle (2)			Écart global
	Q	PU	Montant	Q	PU	Montant	2 – 1
Charges directes							
Billots	**1 100**	**260**	286 000	1 050	250	262 500	– 23 500 D
Cercles en fer	**2 184**	**125**	273 000	2 100	130	273 000	0
MOD scierie	**525**	**90**	47 250	437,5	95	41 562,5	– 5 687,5 D
MOD fabrication	**2 000**	**132**	264 000	2 100	132	277 200	13 200 F
Charges indirectes							
Scierie	**525**	**110**	57 750	437,5	124	54 250	– 3 500 D
Fabrication	**2 000**	**145**	290 000	2 100	148	310 800	20 800 F
Total	350	3 480	1 218 000	350	3 483,75	1 219 312,5	1 312,5 F

Écarts sur charges directes

	Écart sur quantité	Écart sur prix	Écart global
Billots	– 12 500 D	– 11 000 D	– 23 500 D
Cercles en fer	– 10 920 D	10 920 F	0
MOD scierie	– 8 312,5 D	2 625 F	– 5 687,5 D
MOD fabrication	13 200 F	0	13 200 F

Pour les billots, on constate une augmentation des quantités consommées, ce qui laisse imaginer des déchets importants donc, peut-être, une moindre qualité du bois. Attention, dans ce cas-là, à ne pas cumuler les désavantages : payer un bois plus cher (augmentation constatée des tarifs) alors qu'il est de moins bonne qualité ! C'est un élément à étudier avec les fournisseurs.

Pour les cercles, on relève l'importance de décomposer un écart global qui semble non significatif, voire nul, et qui peut pourtant cacher des sous-écarts importants mais de sens contraire.

En ce qui concerne la main-d'œuvre, on peut imaginer que la scierie subit les problèmes de qualité du bois, ce qui expliquerait l'écart défavorable sur temps constaté. Le centre de fabrication, ne recevant que le bois préalablement traité par la scierie, est à l'abri de ces problèmes de qualité de matières premières.

Écarts sur charges indirectes

Budget normal	Charges variables	Charges fixes	Coût total	Coût d'unité d'œuvre	**Dont coût variable unitaire**	
Scierie	45 000	17 000	62 000	124	**90**	soit 45 000 / 500 heures
Fabrication	192 000	163 200	355 200	148	**80**	soit 192 000 / 2 400 heures

Budget flexible	Charges variables	Charges fixes	Coût total	Coût d'unité d'œuvre
Scierie Fabrication	47 250 160 000	17 000 163 200	64 250 323 200	122,38 161,60

Budget IRCF	Charges variables	Charges fixes imputées	Coût total	Coût d'unité d'œuvre
Scierie Fabrication	47 250 160 000	17 850 136 000	65 100 296 000	124 148

Analyse des écarts globaux sur charges indirectes

	Rendement	Activité	Budget	Total
Scierie Fabrication	– 10 850 D 14 800 F	850 F – 27 200 D	6 500 F 33 200 F	– 3 500 D 20 800 F

Les premiers éléments mis en évidence par les analyses des écarts sur charges directes semblent pouvoir être confirmés par l'analyse des écarts sur charges indirectes. On constate ainsi que la scierie connaît des difficultés de rendement qui peuvent être directement liées à une mauvaise qualité des bois travaillés (plus de déchets, de rebuts, voire de pannes des machines). Ceci expliquerait également que la scierie connaisse une activité un peu plus importante que son activité normale (écart sur activité de 850 favorable) mais que cette suractivité ne soit pas répercutée dans le centre de fabrication (qui est en sous-activité). Ce qui signifie que l'activité supplémentaire de la scierie ne se traduit pas par une production de planches supplémentaires ; déchets et rebuts doivent donc être importants.

Coût unitaire préétabli d'une pièce en cours de fabrication

	Quantité	Prix unitaire	Montant	
Charges directes				
Billots	**2**	**250**	500	soit 2 / 3
Cercles en fer	**4**	**130**	520	soit 2 / 3
MOD scierie	**1**	**95**	95	soit 4 / 5
MOD fabrication	**4,8**	**132**	633,6	soit 4 / 5
Charges indirectes				
Scierie	1	124	124	soit 4 / 5
Fabrication	4,8	148	710,4	soit 4 / 5
Total			2 583	

En-cours début de mois : 50

En-cours fin de mois : 80

Produits finis du mois : 420

Charges réelles supportées dans le mois		**1 530 150**
+ coût préétabli des en-cours au 1er mai	50 × 2 583	129 150
– coût préétabli des en-cours au 31 mai	80 × 2 583	– 206 640
= coût réel des 420 pièces terminées en mai		1 452 660
– coût préétabli des 420 pièces terminées en mai	420 × 3 483,75	1 463 175
Écart sur coût de la production terminée	(Favorable)	10 515

Coût préétabli des 420 pièces terminées en mai	1 463 175	
– coût préétabli des en-cours au 1er mai	– 129 150	
+ coût préétabli des en-cours au 31 mai	206 640	
= Charges préétablies « supportées » dans le mois	1 540 665	
Charges réelles supportées dans le mois	**1 530 150**	
Écart sur les charges du mois	10 515	Favorable

Vous trouverez des éléments de révision sur le calcul des écarts sur charges directes et sur charges indirectes dans l'ouvrage Comptabilité de gestion, *chapitre 2, sections 2 et 3.*

La société Samoonrai

La société Samoonrai est spécialisée dans l'implantation de petits magasins de fruits et de légumes situés dans les centres ville. Depuis quelque temps les clients délaissent de plus en plus ces enseignes alors que celles-ci ne cessent de chercher à améliorer les prestations offertes aux clients et la qualité des produits offerts. La société fait donc appel à vous afin que vous l'aidiez à réorienter ses actions commerciales et son positionnement.

Vous procédez conjointement à une étude des attentes des clients et à une analyse des coûts des prestations proposées par les enseignes de Samoonrai et vous établissez le document de synthèse suivant :

1. Les clients souhaitent que les enseignes leur permettent :

	% de clients déclarant ce critère comme très important ou important
A. D'obtenir des produits très frais	80 %
B. D'accéder au magasin après leur journée de travail	95 %
C. D'être livrés à domicile	85 %
D. D'obtenir des idées originales de repas (fruits et légumes exotiques)	70 %
E. D'évoluer dans un magasin très propre	20 %

2. Coûts des prestations :

B. Ouverture des magasins de 7 heures à 18 heures 30	100
F. Places de parking offertes à la clientèle	100
A. Approvisionnement chaque jour en produits frais	25
D. Fiches de cuisine des produits méconnus offertes	25
E. Ménage	70
G. Service traiteur	50

Éléments de corrigé

Reportons schématiquement les éléments relatifs aux attentes des clients et aux coûts des prestations :

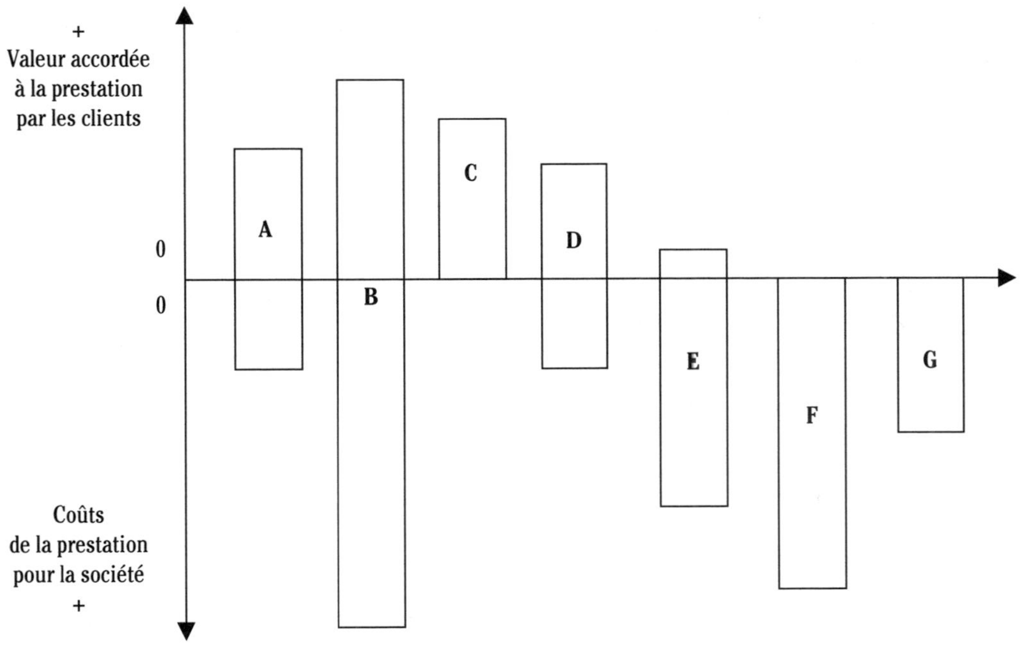

La comparaison des attentes et des coûts permet d'identifier de premières pistes d'amélioration du rapport valeur perçue – coût. La valeur perçue par les clients se compose :

– d'attentes satisfaites : obtenir des produits frais et évoluer dans un magasin très propre ;

– d'attentes mal satisfaites : accéder au magasin après leur journée de travail et obtenir des idées originales de repas ;

– et d'attentes non satisfaites : être livrés à domicile.

Quelles sont alors les voies d'amélioration ?

1. Supprimer les prestations inutiles (qui n'apportent pas de valeur aux clients mais entraînent des surcoûts) : la mise à disposition de places de parking semble relever de cette catégorie de prestations.

Les magasins sont des magasins de proximité et les clients doivent vraisemblablement s'y rendre à pied puisqu'ils n'expriment pas de besoins en termes de places de parking.

2. Répondre aux attentes fondamentales des clients : la livraison à domicile semble être un facteur déterminant de leur choix. Or cette prestation n'est pas offerte par les enseignes Samoonrai.

3. Améliorer les prestations mal effectuées : modifier les horaires d'ouverture afin que les magasins restent ouverts au moins jusqu'à 20 heures (il est vraisemblablement inutile d'ouvrir tôt le matin : on peut réaliser des économies en limitant les plages d'ouverture matinales).

4. Faire connaître les prestations dont la valeur est pas, peu ou mal perçue :

– l'offre de fiches cuisine est mal perçue alors que celles-ci peuvent répondre à l'attente d'obtenir des idées originales de repas ;

– l'offre de prestations traiteur devrait quant à elle répondre à des attentes non exprimées de ces clients citadins, et permettre de différencier les enseignes des magasins concurrents.

5. Rechercher, pour les prestations satisfaisant correctement les attentes des clients, si des voies de réduction de coûts ne peuvent pas être trouvées : le ménage semble coûter extrêmement cher, n'y a-t-il pas de solution alternative à celle actuellement pratiquée ?

Vous trouverez des éléments de réflexion sur l'analyse de la valeur dans l'ouvrage Comptabilité de gestion, *chapitre 2, section 5.*

CHAPITRE III

Mise sous tension de l'organisation

Le contrôle du seul appareil de production devenant de moins en moins important au fur et à mesure de l'essor des activités tertiaires, il était impératif de développer des calculs des coûts étendus à toutes les activités. Parmi les méthodes utilisées à cette fin, nous avons choisi de développer ici :

– des méthodes établies sur les fondements de celles précédemment évoquées : une méthode de coûts complets centrée sur les activités de l'organisation (ABC) et une méthode analytique qui vise à expliquer l'écart entre le résultat réel et le résultat préétabli en s'inspirant directement du contrôle de l'appareil de production ;

– des méthodes de mise sous tension des unités de l'organisation qui introduisent une logique de concurrence et de marché en leur sein : budget base zéro et prix de cession interne ;

– une méthode de mesure des variations de la productivité qui permet d'élargir le champ de la réflexion : le surplus de productivité globale.

Un QCM d'évaluation vous conduit à vérifier vos connaissances théoriques sur les sujets abordés ; les exercices vous permettent de maîtriser les points essentiels de ce chapitre.

Zeltronic vous conduit à mettre en œuvre une méthode de calcul de coûts par activité alors que le *laboratoire photographique* vous montre les conséquences sur les coûts de la mise en place d'une méthode ABC.

L'entreprise Pariacabo vous amène à réfléchir sur la déclinaison des objectifs dans l'entreprise.

Les ventes de la tonnellerie Max et *la boulangerie industrielle* vous entraînent à travailler sur le calcul mais surtout sur l'analyse et la compréhension des écarts.

Le cabinet Ayutthaya met en exergue les liens entre contrôle budgétaire et de gestion et gestion des ressources humaines.

Le budget base zéro vous permet d'illustrer cette démarche de maîtrise des charges discrétionnaires.

L'entreprise Hérédia et *l'entreprise Arénal* vous font mettre en œuvre des prix de cession interne.

L'entreprise Macouria et *la société anonyme Busi* vous montrent les modalités et l'intérêt du surplus de productivité globale.

Les nouveaux hôtels et *l'entreprise Tha Pae*, enfin, vous proposent une réflexion sur les coûts cachés et les coûts d'opportunité.

QCM

Remarque : pour chacune des questions suivantes, plusieurs propositions peuvent être vraies ou partiellement vraies ; il peut également arriver qu'aucune des réponses proposées ne convienne (ARNC : « **a**ucune **r**éponse **n**e **c**onvient »).

1. Selon la méthode ABC, ce sont :
- ❑ Les produits qui consomment des activités.
- ❑ Les produits qui consomment des ressources.
- ❑ Les activités qui consomment des ressources.
- ❑ ARNC.

2. L'écart de marge sur chiffre d'affaires est :
- ❑ Indépendant des coûts réels.
- ❑ Évalué par rapport aux coûts réels.
- ❑ Indépendant des coûts (réels comme budgétés).
- ❑ ARNC.

3. Lorsque les produits sont indépendants les uns des autres :
- ❑ L'analyse de l'écart de marge sur chiffre d'affaires est réalisée en deux composantes pour chaque produit.
- ❑ L'analyse de l'écart de marge sur chiffre d'affaires est réalisée en trois composantes.
- ❑ Cet écart n'a pas besoin d'être décomposé.
- ❑ ARNC.

4. Analyser la marge semi-réelle revient à confronter :
- ❑ Prix budgété et prix semi-réel.
- ❑ Prix budgété et prix réel.
- ❑ Prix semi-budgété et prix réel.
- ❑ ARNC.

5. Si l'écart sur prix était valorisé aux quantités budgétées, alors l'écart sur volume serait valorisé :
- ❑ À la marge réelle.
- ❑ À la marge semi-réelle.
- ❑ À la marge budgétée.
- ❑ ARNC.

6. Si la marge moyenne préétablie de la structure préétablie des ventes est de 100 et que la marge moyenne préétablie de la structure réelle des ventes est de 90, cela signifie :
- ❑ Que la part relative des produits ayant la plus faible marge du portefeuille d'activité s'est accrue.
- ❑ Que la part relative des produits ayant la plus forte marge du portefeuille d'activité s'est accrue.
- ❑ Cela n'a rien à voir avec le portefeuille d'activité.
- ❑ ARNC.

7. La distorsion que subit la structure des ventes s'observe au niveau :
- ❏ De la marge unitaire des produits.
- ❏ De la marge globale dégagée.
- ❏ Du chiffre d'affaires réalisé.
- ❏ ARNC.

8. Le budget base zéro est un budget :
- ❏ Établi pour une inflation nulle.
- ❏ Établi dans l'hypothèse d'une croissance économique nulle.
- ❏ Justifié et négocié dès le premier euro.
- ❏ Établi sur la base d'une croissance de chiffre d'affaires nulle.
- ❏ ARNC.

9. Un centre de profit :
- ❏ N'inclut que les activités commerciales.
- ❏ Est un paradis fiscal.
- ❏ Permet une gestion décentralisée des coûts et du chiffre d'affaires.
- ❏ Permet une gestion décentralisée du haut de bilan.
- ❏ ARNC.

10. Un centre de responsabilité :
- ❏ Suppose une concordance de l'organigramme et de la construction budgétaire.
- ❏ Correspond uniquement à un centre de profit.
- ❏ A la personnalité morale.
- ❏ Peut faire l'objet d'une action en responsabilité civile.
- ❏ ARNC.

11. Les prix de cession internes :
- ❏ Sont calculés TTC.
- ❏ Sont nécessaires à l'établissement du bilan.
- ❏ Ne permettent pas de réduire les charges de façon mécanique.
- ❏ Permettent un recours plus rationnel à la sous-traitance.
- ❏ ARNC.

12. Un tableau de bord :
- ❏ Permet de rendre compte des performances à la société mère.
- ❏ Comporte uniquement des indicateurs financiers.
- ❏ Comporte uniquement des ratios.
- ❏ ARNC.

13. Selon les cas, la publicité peut être une charge ou un investissement.
- ❏ Elle ne fait partie du budget commercial que lorsqu'il s'agit d'une charge.
- ❏ Elle fait toujours partie du budget commercial.
- ❏ Seul l'amortissement de l'investissement publicitaire fait partie du budget commercial.
- ❏ ARNC.

14. Les écarts doivent :
- ❏ Toujours être minimisés.

- ❑ Toujours être maximisés.
- ❑ Toujours se compenser.
- ❑ Toujours être sanctionnés (positivement ou négativement).
- ❑ ARNC.

15. La méthode des comptes de surplus permet de déterminer :
- ❑ Un indicateur synthétique de productivité.
- ❑ Un indicateur synthétique de profit.
- ❑ Un indicateur synthétique de résultat.
- ❑ ARNC.

16. Les coûts cachés sont des coûts :
- ❑ Cachés de façon intentionnelle.
- ❑ Non calculés.
- ❑ Invisibles.
- ❑ ARNC.

17. Les coûts cachés sont :
- ❑ Incorporés dans les coûts visibles.
- ❑ Non incorporés dans les coûts visibles.
- ❑ Incorporés dans les produits.
- ❑ ARNC.

18. Les coûts d'opportunité sont :
- ❑ Des charges qui existent en comptabilité générale mais qui sont non incorporables en comptabilité de gestion.
- ❑ Des charges qui n'existent pas en comptabilité générale mais qui sont incorporables en comptabilité de gestion.
- ❑ Des charges qui existent en comptabilité générale et en comptabilité de gestion mais qui ne sont pas imputées aux produits.
- ❑ ARNC.

19. Le coût d'opportunité de l'absence du réceptionniste des matières premières à son poste de travail est saisi au travers :
- ❑ Du coût de la sous-activité engendrée sur la chaîne de travail par la carence des matières.
- ❑ Du coût supplémentaire de salaire si le réceptionniste est remplacé par un salarié plus qualifié.
- ❑ De la privation des ventes probables.
- ❑ ARNC.

20. La prise en charge des coûts externés a pour conséquence :
- ❑ D'augmenter les charges réelles de l'entreprise.
- ❑ De diminuer les charges réelles de l'entreprise.
- ❑ Cela n'a aucune conséquence sur les charges réelles de l'entreprise.
- ❑ ARNC.

Éléments de corrigé

1. Selon la méthode ABC, ce sont **les produits qui « consomment » des activités et les activités qui consomment des ressources**. Les produits ne sont pas directement consommateurs de ressources mais ils induisent des activités qui contribuent à la création de la valeur du bien et consomment des ressources. Ce n'est donc qu'indirectement, par le biais des activités, que le coût des ressources est incorporé aux produits.
Éléments de révision: Comptabilité de gestion. *Chapitre 3, section 1, paragraphe 3.*

2. L'écart de marge sur chiffre d'affaires est **indépendant des coûts réels**, il s'apprécie par rapport aux coûts de production budgétés afin de mesurer la seule performance des services commerciaux.
Éléments de révision: Comptabilité de gestion. *Chapitre 3, section 2, paragraphe 3.*

3. Lorsque l'entreprise dispose d'une gamme de produits restreinte et que les produits sont indépendants les uns des autres, l'analyse de l'écart de marge sur chiffre d'affaires est réalisée en **deux composantes pour chaque produit**: le volume des vente et le prix de vente. L'indépendance des produits rend en effet inutile une analyse de la composition des ventes.
Éléments de révision: Comptabilité de gestion. *Chapitre 3, section 2, paragraphe 3.*

4. Analyser la marge semi-réelle revient à confronter **prix budgété et prix réel**. En effet:
marge budgétée – marge semi-réelle = (prix budgété – coût budgété) – (prix réel – coût budgété) = prix budgété – prix réel.
Éléments de révision: Comptabilité de gestion. *Chapitre 3, section 2, paragraphe 3.*

5. Si l'écart sur prix était valorisé aux quantités budgétées, alors l'écart sur volume serait valorisé **à la marge semi-réelle**. Comme pour tous les écarts, on doit vérifier l'égalité: écart global = somme des sous-écarts. Ici, écart de marge sur chiffre d'affaires = écart sur volume + écart sur prix.

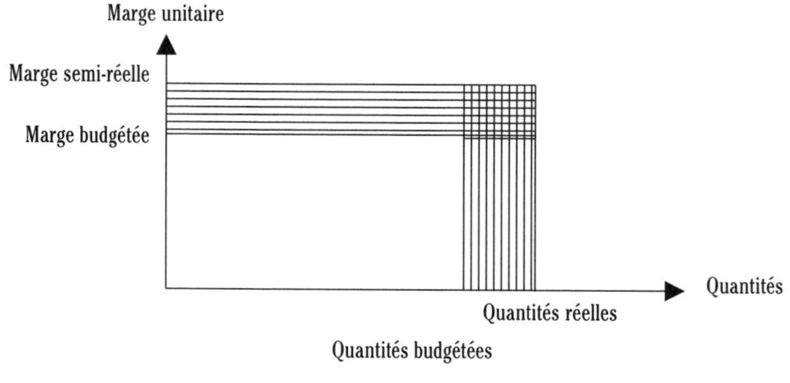

Éléments de révision: Comptabilité de gestion. *Chapitre 3, section 2, paragraphe 3.*

6. Si la marge moyenne préétablie de la structure préétablie des ventes est de 100 et que la marge moyenne préétablie de la structure réelle des ventes est de 90, cela signifie que **la part relative des produits ayant la plus faible marge du portefeuille d'activité s'est accrue**. Cela signifie que la structure réelle des ventes comporte une plus grande part de produits à faible marge que la structure préétablie des ventes.
Éléments de révision: Comptabilité de gestion. *Chapitre 3, section 2, paragraphe 3.*

7. La distorsion que subit la structure des ventes s'observe **au niveau de la marge globale dégagée**. La marge unitaire des produits ne peut rendre compte de la structure des ventes puisqu'elle est exprimée pour chacun des produits, indépendamment les uns des autres. De même, à chiffre d'affaires réalisé égal, peuvent correspondre des structure de vente très différentes : 50 produits A à 20 euros + 10 produits B à 50 euros = 1 500 euros = 0 produits A + 30 produits B à 50 euros.
Éléments de révision: Comptabilité de gestion. *Chapitre 3, section 2, paragraphe 3.*

8. Le budget base zéro est un budget **justifié et négocié dès le premier €**. Contrairement à la procédure budgétaire classique qui consiste pratiquement à reconduire le budget d'une année sur l'autre, la technique du budget base zéro incite les centres à justifier la totalité de leurs budgets et pas seulement leur accroissement.
Éléments de révision: Comptabilité de gestion. *Chapitre 3, section 3, paragraphe 3.*

9. Un centre de profit permet une **gestion décentralisée des coûts et du chiffre d'affaires** puisque la maîtrise de ces éléments est confiée au centre de responsabilité. Ce type de centre de responsabilité n'est pas réservé aux seules activités commerciales.
Éléments de révision: Comptabilité de gestion. *Chapitre 3, section 4, paragraphe 2 et chapitre 1, section 1, paragraphe 2.*

10. Un centre de responsabilité se définit par un couple « moyens – objectifs » cohérent, il suppose donc **une concordance de l'organigramme et de la construction budgétaire**. Les centres de responsabilité ne peuvent être de simples constructions intellectuelles ou comptables : ils doivent correspondre à une délégation de responsabilité cohérente avec leurs objectifs (c'est-à-dire différente pour un centre de coût, un centre de profit ou un centre d'investissement) et bénéficier des moyens – en particuliers budgétaires – leur permettant de réaliser leur mission.
Éléments de révision: Comptabilité de gestion. *Chapitre 3, section 4, paragraphe 2 et chapitre 1, section 1, paragraphe 2.*

11. Les prix de cession internes **ne permettent pas de réduire les charges de façon mécanique**. Ils n'ont pas d'influence directe sur le résultat global de l'entreprise et permettent uniquement une localisation du résultat dans les centres de responsabilité.
Éléments de révision: Comptabilité de gestion. *Chapitre 3, section 4, paragraphe 1.*

12. Un tableau de bord comporte des indicateurs physiques et financiers, voire des indicateurs qualitatifs. Donc **aucune réponse ne convient**. Ce n'est pas un instrument de reporting qui permet de rendre compte des performances à la société mère, ce n'est pas non plus un instrument ne comportant qu'un seul type d'informations.
Éléments de révision: Comptabilité de gestion. *Chapitre 3, section 3, paragraphes 1 et 2.*

13. Selon les cas, la publicité peut être une charge ou un investissement mais **elle fait toujours partie du budget commercial**. Le budget commercial comporte tous les budgets traduisant l'activité de la fonction commerciale : budget des ventes, budget des frais de distribution, budget publicitaire, budget de l'administration des ventes, budget du service après-vente, budget marketing, etc.
Éléments de révision: Comptabilité de gestion. *Chapitre 3, section 2, paragraphe 2 et Claude Cossu, Comptabilité analytique et gestion budgétaire, Éditions Istra.*

14. Les écarts doivent *parfois* être sanctionnés (positivement ou négativement). Donc **aucune réponse ne convient**. Tous les écarts ne donnent pas lieu à la mise en place d'actions correctives : tout dépend de leur importance, de leur signification, de la possibilité qu'a ou non l'entreprise de modifier les éléments explicatifs de leur formation.
Éléments de révision: Comptabilité de gestion. *Chapitre 3, section 2, paragraphe 3.*

15. La méthode des comptes de surplus permet de déterminer **un indicateur synthétique de productivité**. En effet, une amélioration de la productivité ne sera pas obligatoirement répercutée sur le résultat (ou le profit) de l'entreprise puisqu'elle peut bénéficier par exemple aux clients (diminution des prix de vente), aux salariés (augmentation des salaires), aux actionnaires (augmentation des dividendes), etc.
Éléments de révision: Comptabilité de gestion. *Chapitre 3, section 5, paragraphe 1.*

16. Les coûts cachés sont des coûts **invisibles** car ils ne sont **pas calculés**. Ils ne sont en effet ni isolés, ni identifiés soit parce qu'ils sont dilués dans les différents postes de charges, soit parce qu'ils ne sont même pas comptabilisés.
Éléments de révision: Comptabilité de gestion. *Chapitre 3, section 6, paragraphe 1.*

17. Les coûts cachés peuvent être **incorporés dans les coûts visibles** (ils sont alors dilués dans les différents postes de charges de l'entreprise) mais aussi **non incorporés dans les coûts visibles** (ils correspondent alors à un manque à gagner lié à l'absence de production due aux dysfonctionnements).
Éléments de révision: Comptabilité de gestion. *Chapitre 3, section 6, paragraphe 1.*

18. Les coûts d'opportunité ne figurent pas dans les charges de comptabilité générale et ne sont pas incorporables en comptabilité analytique (donc **aucune réponse ne convient**). Le coût d'opportunité n'est d'ailleurs pas un coût (au sens commun du terme), il indique le manque à gagner résultant du renoncement qu'implique tout choix.
Éléments de révision: Comptabilité de gestion. *Chapitre 3, section 6, paragraphe 2.*

19. Le coût d'opportunité de l'absence du réceptionniste des matières premières à son poste de travail est saisi au travers de la **privation des ventes probables** si le programme de production n'a pu être respecté. Il s'agit d'un manque à gagner.
Éléments de révision: Comptabilité de gestion. *Chapitre 3, section 6, paragraphe 2.*

20. Les coûts externés sont des coûts qui ne sont pas supportés par l'entreprise (donc qui ne figurent pas dans ses charges réelles) mais qu'elle devrait supporter si la législation l'obligeait à être pleinement responsable de ses actions. Prendre en compte ces coûts externés conduirait donc à une **augmentation des charges réelles de l'entreprise.**
Éléments de révision: Comptabilité de gestion. *Chapitre 3, section 6, paragraphe 1.*

APPLICATIONS

Zeltronic

Les dirigeants de la société Zeltronic pensent que leur système de calcul des coûts fondé sur les sections homogènes a perdu de sa pertinence. Ils vous chargent par conséquent de mettre en œuvre, à titre expérimental, auprès de la division chargeurs une méthode de calcul des coûts par activité. À cette fin, ils vous remettent les informations suivantes.

Organisation du processus productif

1. Deux produits intermédiaires, PIA et PIB, sont réalisés dans le centre usinage qui est entièrement automatisé. Les consommations de ressources sont les suivantes :

	PIA		PIB	
	Quantités	Prix unitaire	Quantités	Prix unitaire
Matière première X	0,25 kg	60	0,4 kg	60
Matière première Y	1 kg	88	0,5 kg	88
Composant de PIA	1 unité	25	-	-
Composant de PIB	-	-	1 unité	65
Main-d'œuvre directe	0,01 heure	75	0,005 heure	75
Autres charges directes	-	15	-	20
Centre approvisionnement	À déterminer	À déterminer	À déterminer	À déterminer
Centre usinage	0,15 uo	À déterminer	0,2 uo	À déterminer

2. Les produits intermédiaires sont assemblés dans le centre montage où leur est adjointe une pièce spécifique selon des proportions différentes. Les consommations de ressources sont les suivantes :

	Produit A		Produit B	
	Quantités	Prix unitaire	Quantités	Prix unitaire
Produit intermédiaire A	1 unité	À déterminer	-	-
Produit intermédiaire B	-	-	1 unité	À déterminer
Pièces spécifiques	1	125	2	125
Main-d'œuvre directe	0,25 heure	80	0,3 heure	80
Autres charges directes	-	50	-	60
Centre montage	0,25 uo	À déterminer	0,30 uo	À déterminer

3. Le processus de production est organisé en juste-à-temps, c'est-à-dire qu'il n'existe aucun stock intermédiaire à l'intérieur du processus.

4. Avant l'expédition auprès de la clientèle, les produits finis transitent par le centre distribution où ils subissent un contrôle de qualité.

	Produit A		Produit B	
	Quantités	Prix unitaire	Quantités	Prix unitaire
Production et vente de la période	20 000 (soit 200 lots)	490	15 000 (soit 75 lots)	815

	Achats de la période		Nombre de commandes
	Quantités	Prix unitaire	
Matière première X	11 000	60	8
Matière première Y	27 500	88	12
Composant de PIA	20 000	25	10
Composant de PIB	15 000	65	5
Pièces spécifiques	50 000	125	20

Extrait du tableau de répartition secondaire :

	Approvisionnement	Usinage	Montage	Distribution	Administration
Totaux secondaires	900 000	1 200 000	2 500 000	350 000	800 000
Nature des unités d'œuvre	valeur des approvisionnements	heure machine	heure MOD	coût de production des produits finis	coût de production des produits finis

Travail à faire

À l'aide de ces informations, calculez, dans un premier temps selon la méthode des sections homogènes, les coûts complets et résultats analytiques des produits A et B.

Une analyse plus fine des charges de chaque centre d'analyse vous conduit à opérer des distinctions au sein des centres d'analyse selon les différentes activités réalisées par ces centres.

Centres	Activités	Coûts des activités	Inducteurs de coûts
Approvisionnement		*900 000*	
	Gestion des matières	280 000	Quantités achetées
	Gestion des composants	255 000	Nombre de commandes
	Gestion des pièces	365 000	Quantitées achetées
Usinage		*1 200 000*	
	Réglage des machines	110 000	Nombre de lots fabriqués
	Planification des ordres	264 000	Nombre de lots fabriqués
	Lancement des fabrications	625 000	Heures machine
	Maintenance	201 000	Nombre d'interventions
Montage		*2 500 000*	
	Montage manuel	1 237 500	Heures MOD
	Montage automatisé	775 000	Heures machine
	Gestion des lots	412 500	Nombre de lots fabriqués
	Maintenance	75 000	Nombre d'interventions
Distribution		*350 000*	
	Contrôle qualité	210 000	Temps de contrôle
	Expédition	140 000	Nombre de lots fabriqués
Administration		*800 000*	
	Organisation générale	800 000	Chiffre d'affaires

Renseignements complémentaires sur les volumes des inducteurs de coûts

- Le service maintenance est intervenu 50 fois au cours de la période : 25 fois pour le centre usinage (dont 10 pour le produit intermédiaire PIA), 25 fois pour le centre montage (dont 15 pour le produit intermédiaire PIA).

• Le montage automatisé représente un volume d'activité de 1 250 heures machine (dont 500 pour le produit A).

• Le contrôle de la qualité représente un volume d'activité de 312,5 heures (dont 1 heure par lot pour le produit A).

Travail à faire

À l'aide de ces informations, recalculez les coûts complets et les résultats analytiques des produits A et B selon la méthode des coûts par activité.

Comment expliquez-vous les écarts constatés ?

(D'après sujet d'examen.)

Éléments de corrigé

Les éléments en gras sont issus de l'énoncé. Tous les autres éléments sont calculés.

Première partie : méthode des sections homogènes

Tableau de répartition secondaire :

	Approvisionnement	Usinage	Montage	Distribution	Administration
Totaux secondaires	**900 000**	**1 200 000**	**2 500 000**	**350 000**	**800 000**
Nature des unités d'œuvre	valeur des approvisionnements	heure machine	heure MOD	coût de production des produits finis	coût de production des produits finis
Nombre d'unités d'œuvre	10 805 000 (1)	6 000 (2)	9 500 (3)	18 685 625 (4)	18 685 625 (5)
Coûts d'unité d'œuvre	0,0833	200	263,1579	0,0187	0,0428

(1) Voir tableau ci-dessous.

(2) Nombre d'unités d'œuvre du centre usinage : 20 000 × 0,15 + 15 000 × 0,20.

(3) Nombre d'heures de MOD du centre montage : 0,25 × 20 000 + 0,30 × 15 000.

(4) et (5) : voir 2e tableau page suivante.

	PIA	PIB	Produit A	Produit B	Total
Matière première X	300 000	360 000			660 000
Matière première Y	1 760 000	660 000			2 420 000
Composant de PIA	500 000	0			500 000
Composant de PIB	0	975 000			975 000
Pièces spécifiques			2 500 000	3 750 000	6 250 000
Total	2 560 000	1 995 000	2 500 000	3 750 000	10 805 000

Coût unitaire d'usinage

	PIA			PIB		
	Quantités	Prix unitaire	Montant	Quantités	Prix unitaire	Montant
Matière première X	**0,25**	**60**	15	**0,4**	**60**	24
Matière première Y	**1**	**88**	88	**0,5**	**88**	44
Composant PO	**1**	**25**	25			
Composant PL				**1**	**65**	65
Main-d'œuvre directe	**0,01**	**75**	0,75	**0,005**	**75**	0,375
Autres charges directes		**15**	15		**20**	20
Centre approvisionnement	128	0,0833	10,6617	133	0,0833	11,0782
Centre usinage	**0,15**	200	30	**0,2**	200	40
Coût pour un produit usiné			184,4117			204,4532

Coût de production d'un produit fini

	Produit A			Produit B		
	Quantités	Prix unitaire	Montant	Quantités	Prix unitaire	Montant
Produit intermédiaire A	1	184,4117	184,4117			
Produit intermédiaire B				1	204,4532	204,4532
Pièces spécifiques	1	**125**	125	2	**125**	250
Centre approvisionnement	125	0,0833	10,4118	250	0,0833	20,8237
Main-d'œuvre directe	**0,25**	**80**	20	**0,3**	**80**	24
Autres charges directes		**50**	50		**60**	60
Centre montage	**0,25**	263,1579	65,7895	**0,3**	263,1579	78,9474
Coût de production d'un produit fini			455,6131			638,2243

Coût de revient et résultat analytique

	Produit A			Produit B		
	Quantité	Prix unitaire	Montant	Quantité	Prix unitaire	Montant
Coût de production	20 000	455,6131	9 112 261,0146	15 000	638,2243	9 573 363,9854
Centre de distribution	9 112 261,015	0,0187	170 681,5456	9 573 363,985	0,0187	179 318,4544
Centre administration	9 112 261,015	0,0428	390 129,2470	9 573 363,985	0,0428	409 870,7530
Coût de revient	20 000	483,65	9 673 071,8073	15 000	677,50	10 162 553,1927
Chiffre d'affaires	20 000	490	9 800 000	15 000	815	12 225 000
Résultat analytique	20 000	6,35	126 928,19	15 000	137,50	2 062 446,81

Deuxième partie : méthode des coûts d'activité

Activités	Coûts des activités	Inducteurs de coûts	Volume des inducteurs	Coût des inducteurs
Gestion des matières	280 000	Quantités achetées	38 500	7,2727
Gestion des composants	255 000	Nombre de commandes	15	17 000
Gestion des pièces	365 000	Quantités achetées	50 000	7,3
Réglage des machines	110 000	Nombre de lots fabriqués	275	400
Planification des ordres	264 000	Nombre de lots fabriqués	275	960
Lancement des fabrications	625 000	Heures machine	6 000	104,1667
Maintenance	201 000	Nombre d'interventions	**25**	8 040
Montage manuel	1 237 500	Heures MOD	9 500	130,2632
Montage automatisé	775 000	Heures machine	**1 250**	620
Gestion des lots	412 500	Nombre de lots fabriqués	275	1 500
Maintenance	75 000	Nombre d'interventions	**25**	3 000
Contrôle qualité	210 000	Temps de contrôle	**312,5**	672
Expédition	140 000	Nombre de lots fabriqués	275	509,0909
Organisation générale	800 000	Chiffre d'affaires	22 025 000	0,0363

	Produit A			Produit B		
	Quantité	Prix unitaire	Montant	Quantité	Prix unitaire	Montant
Matière première X	**0,25**	**60**	15	**0,4**	**60**	24
Matière première Y	1	**88**	88	**0,5**	**88**	44
Composant de PIA	1	**25**	25			
Composant de PIB				1	**65**	65
Main-d'œuvre directe	**0,01**	**75**	0,75	**0,005**	**75**	0,375
Autres charges directes usinage		**15**	15		**20**	20
Pièces spécifiques	1	**125**	125	2	**125**	250
Main-d'œuvre directe	**0,25**	**80**	20	**0,3**	**80**	24
Autres charges directes montage		**50**	50		**60**	60
Coûts directs			338,75			487,375

	Produit A			Produit B		
	Quantité	Prix unitaire	Montant	Quantité	Prix unitaire	Montant
Coûts directs	20 000	338,75	6 775 000,00	15 000	487,375	7 310 625,00
Gestion des matières	**25 000**	7,2727	181 818,18	**13 500**	7,2727	98 181,82
Gestion des composants	**10**	17 000	170 000,00	**5**	17 000	85 000,00
Gestion des pièces	**20 000**	7,3	146 000,00	**30 000**	7,3	219 000,00
Réglage des machines	**200**	400	80 000,00	**75**	400	30 000,00
Planification des ordres	**200**	960	192 000,00	**75**	960	72 000,00

	Produit A			Produit B		
	Quantité	Prix unitaire	Montant	Quantité	Prix unitaire	Montant
Lancement des fabrications	**3 000**	104,1667	312 500,00	**3 000**	104,1667	312 500,00
Maintenance	**10**	8 040	80 400,00	**15**	8 040	120 600,00
Montage manuel	**5 000**	130,2632	651 315,79	**4 500**	130,2632	586 184,21
Montage automatisé	**500**	620	310 000,00	**750**	620	465 000,00
Gestion des lots	**200**	1 500	300 000,00	**75**	1 500	112 500,00
Maintenance	**15**	3 000	45 000,00	**10**	3 000	30 000,00
Contrôle qualité	**200**	672	134 400,00	**112,5**	672	75 600,00
Expédition	**200**	509,0909	101 818,18	**75**	509,0909	38 181,82
Organisation générale	**9 800 000**	0,0363	355 959,14	**12 225 000**	0,0363	444 040,86
Coûts indirects			3 061 211,29			2 688 788,71
Coût de revient	20 000	491,81	9 836 211,29	15 000	666,63	9 999 413,71
Chiffre d'affaires	20 000	490,00	9 800 000,00	15 000	815,00	12 225 000,00
Résultat analytique	20 000	– 1,81	– 36 211,29	15 000	148,37	2 225 586,29

Synthèse

Méthode sections homogènes

	Produit A			Produit B		
	Quantité	Prix unitaire	Montant	Quantité	Prix unitaire	Montant
Coût de revient	20 000	483,65	9 673 071,81	15 000	677,50	10 162 553,19
Chiffre d'affaires	20 000	490	9 800 000	15 000	815	12 225 000
Résultat analytique	20 000	6,35	126 928,19	15 000	137,50	2 062 446,81

Méthode ABC

	Produit A			Produit B		
	Quantité	Prix unitaire	Montant	Quantité	Prix unitaire	Montant
Coût de revient	20 000	491,81	9 836 211,29	15 000	666,63	9 999 413,71
Chiffre d'affaires	20 000	490,00	9 800 000,00	15 000	815,00	12 225 000,00
Résultat analytique	20 000	– 1,81	– 36 211,29	15 000	148,37	2 225 586,29

La différence entre le coût complet selon la méthode des sections homogènes et le coût complet selon la méthode ABC mesure l'effet de subventionnement entre les produits, dû à la non-prise en compte par les sections homogènes de la diversité des activités à l'intérieur de chaque centre.

Avec la méthode des sections homogènes, on suppose que toutes les activités réalisées par un centre sont consommées par les produits dans les mêmes proportions (l'activité est mesurée par une seule unité d'œuvre). On observe alors que les deux produits dégagent des résultats positifs mais ceci est lié au fait que le système classique, en négligeant certaines informations, fait subventionner le produit A par le produit B et ne met donc pas en évidence le fait que le produit A peut être en déficit.

En revanche, avec l'analyse des activités, on est conduit à distinguer au sein de chaque centre des activités qui seront imputées aux coûts des produits en fonction d'inducteurs propres. On peut ainsi, par exemple, tenir compte du fait que le produit A est fabriqué et vendu en lots plus nombreux (200 lots) que le produit B (75 lots), ce qui est fortement consommateur de ressources. Avec cette méthode, les dirigeants de Zeltronic pourraient être amenés à interrompre la fabrication et la vente du produit A pour mettre fin au dérapage des coûts.

Vous trouverez des éléments de révision sur les coûts d'activité dans l'ouvrage Comptabilité de gestion, *chapitre 3, section 1, paragraphes 2 et 3.*

Le laboratoire photographique

Les tarifs de développement des photographies ont fortement évolué récemment, sans que ce changement soit expliqué par des modifications des coûts de production ou des transformations des procédés de développement. Il vous est demandé de chercher des explications à ces mutations de tarifs en vous appuyant, si vous le désirez, sur l'exemple ci-après.

Monsieur Linomta possède un grand laboratoire de développement de photographies dans le centre ville de Grasse. Ses tarifs ont été élaborés selon une logique de coûts complets au moment de l'ouverture du magasin en tenant compte des coûts des produits utilisés (révélateur, fixateur, papier, etc.) ainsi que d'un montant de charges correspondant à l'amortissement des machines de développement, à la main-d'œuvre et aux frais généraux du magasin ; ces charges indirectes ont été réparties en fonction des temps machine.

Extrait des tarifs

Développement et tirage : 4 € + 0,5 € par photo
Retirage : 0,5 € par photo
Agrandissements : 13 × 19 : 1,05 €
20 × 30 : 2,56 €
30 × 45 : 5,77 €
50 × 75 : 16,02 €

Perplexe devant l'évolution des tarifs de ses concurrents, monsieur Linomta fait appel à vous pour lui expliquer la logique sous-jacente. Il vous fournit, à titre d'exemple, les tarifs suivants :

Extrait des tarifs

Développement et tirage : 4 € + 0,5 € par photo ou 0,7 € pour un double tirage
Retirage ultérieur d'une pellicule entière : 12 €
Retirage ultérieur d'une photo : 1,2 €
Agrandissements standards (jusqu'à 30 × 45) : 2 €
Agrandissements exceptionnels : nous consulter

Éléments de corrigé

Les tarifs de monsieur Linomta ont été élaborés à partir d'une logique de coûts complets de type « sections homogènes ». Les prix de vente sont alors fondés sur des coûts issus de la comptabilité analytique traditionnelle qui vont tenir compte d'une somme de frais indirects répartis en fonction du temps machine (ou du temps ouvrier, ou du coût des produits utilisés, etc.). Or, l'évolution des tarifs des laboratoires de développement photographique indique que ce n'est plus le temps machine qui est générateur de coûts mais la complexité du travail... c'est-à-dire le nombre d'activités induit par une commande. Une commande qui nécessite plusieurs manipulations (retirer les photos n°s 5, 9, 10 et 17) coûtera plus cher qu'une commande ne nécessitant qu'une manipulation (retirer toute la pellicule, et ce quel que soit le nombre de poses). Ce n'est pas le produit final (la photographie) qui engendre des coûts mais le produit final qui consomme des activités qui génèrent des coûts. Ceci explique qu'un double tirage soit proposé à un prix attractif car il ne nécessite aucune activité supplémentaire (par rapport à un tirage unique). De la même manière, pour les agrandissements, le coût de la matière première varie de façon peu importante selon les formats, d'où une offre commerciale globale, plus attractive pour les clients.

Vous trouverez des éléments de révision sur les coûts d'activité dans l'ouvrage Comptabilité de gestion, *chapitre 3, section 1, paragraphes 2 et 3.*

L'entreprise Pariacabo

L'entreprise Pariacabo commercialise deux produits : le Paria 1 et le Paria 2. En votre qualité de contrôleur de gestion, vous avez établi les budgets pour l'année à venir.

Le budget commercial indique :

– les quantités à vendre : 3 000 Paria 1 et 17 000 Paria 2 ;

– les prix de vente prévisionnels : 4 800 euros pour Paria 1 et 3 200 euros pour Paria 2.

Le budget de production indique :

– les coûts de revient spécifiques à chaque produit : 4 520 euros pour Paria 1 et 2 420 euros pour Paria 2 ;

– le montant des charges communes : 5 000 000 euros.

À la fin de l'année, peu satisfait des résultats obtenus, vous interrogez les responsables de Pariacabo pour tenter de trouver les causes de ces résultats.

Le responsable commercial, interrogé le premier, vous fait part de sa satisfaction : « Vraiment je suis content de mes troupes et j'en profite d'ailleurs pour vous demander de prévoir une prime pour les récompenser. Les objectifs ont été parfaitement atteints et même dépassés. Nous avons vendu, conformément à nos prévisions, 20 000 produits aux prix exacts que nous avions prévus mais, en plus, les commerciaux ont été plus malins que nous puisque, en ayant vendu 8 000 Paria 1 et 12 000 Paria 2, ils nous ont permis de dépasser nos objectifs de chiffre d'affaires. »

Le responsable de la production, quant à lui, ne comprend pas vos interrogations : « Au niveau de la production, je n'ai vraiment rien à dire cette année. Les coûts spécifiques sont restés strictement conformes à nos prévisions, ce qui prouve la qualité du travail du bureau des méthodes dans l'élaboration des standards, et les charges de structure sont très exactement de 5 000 000. À mon sens, il n'y a aucun problème, ni à mon niveau, ni au niveau commercial, ce sont vos calculs qui doivent être faux »

Éléments de corrigé

Les commerciaux ont raisonné sur le seul chiffre d'affaires et se sont efforcés de maximiser ce dernier. Il était alors logique qu'ils cherchent à accroître les ventes de Paria 1 (vendu 4 800 euros) plutôt que celles de Paria 2 (vendu 3 200 euros). L'erreur de ce raisonnement provient du fait que ce n'est pas le chiffre d'affaires en tant que tel qui améliore les résultats de l'entreprise mais la marge dégagée. Or, Paria 1 présente une marge unitaire très inférieure à celle de Paria 2. Par conséquent, le choix de privilégier les ventes de Paria 1 au détriment de celles de Paria 2 a une influence négative sur le résultat de l'entreprise.

	Prévisions			Réalisations		
	Paria 1	Paria 2	Entreprise	Paria 1	Paria 2	Entreprise
Prix de vente	4 800	3 200		4 800	3 200	
Quantités vendues	3 000	17 000		8 000	12 000	
Coût de revient spécifique	4 520	2 420		4 520	2 420	
Marge unitaire sur coût spécifique	280	780		280	780	
Chiffre d'affaires	14 400 000	54 400 000	68 800 000	38 400 000	38 400 000	76 800 000
Charges spécifiques	13 560 000	41 140 000	54 700 000	36 160 000	29 040 000	65 200 000
Marge sur coût spécifique	840 000	13 260 000	14 100 000	2 240 000	9 360 000	11 600 000
Charges fixes			5 000 000			5 000 000
Résultat			9 100 000			6 600 000

Il s'agit donc ici d'un écart de composition : l'influence négative sur le résultat n'est liée ni aux quantités, ni aux prix de vente mais à la structure des ventes qui prévoyait que Paria 1 représenterait 15 % des quantités vendues alors qu'il représente en fait 40 %. Il faut donc attirer l'attention des commerciaux sur ce point, par exemple en les commissionnant sur la marge spécifique des produits.

Vous trouverez des éléments de révision sur le contrôle budgétaire et ses limites dans l'ouvrage Comptabilité de gestion, *chapitre 3, section 2, paragraphes 3 et 4.*

Les ventes de la tonnellerie Max

Satisfait du premier travail que vous avez précédemment réalisé pour la tonnellerie (voir chapitre 2), Max vous demande de poursuivre votre travail d'analyste et de conseiller en travaillant à présent sur l'évolution de ses ventes. Il vous fournit, à cette fin, un extrait du budget des ventes.

Mois de mai	Quantité	Prix HT
Barrique classique (225 litres)	5 000	14 000
Grande barrique (400 litres)	2 000	18 000
Barrique châtaignier (225 litres)	500	13 000

La consultation des fiches de coûts standard vous apprend que les coûts unitaires prévisionnels de ces trois types de barriques sont les suivants :

- Barrique classique : 10 920 €
- Grande barrique : 14 400 €
- Barrique châtaignier : 9 680 €

Enfin, un recensement des éléments du compte de résultat vous permet d'établir les informations suivantes :

- CA net en mai :
  - Barrique classique : 58 000 000 € (4 000 unités vendues)
  - Grande barrique : 52 500 000 € (3 000 unités vendues)
  - Barrique châtaignier : 12 000 000 € (1 000 unités vendues)
- Coût réel de production :
  - Barrique classique : 11 630 €
  - Grande barrique : 13 700 €
  - Barrique châtaignier : 8 600 €

1. Mettre en évidence l'écart sur chiffre d'affaires et l'écart sur marge en rappelant l'intérêt et la portée de chacun des deux.

2. Ventiler l'écart sur marge en écart dû au chiffre d'affaires et écart sur coût de production. Quels premiers enseignements est-il possible d'en tirer ?

3. Analyser aussi finement que possible l'écart sur coût de production. Quels éléments vous font défaut pour pousser l'analyse jusqu'aux causes élémentaires ?

4. Analyser l'écart sur marge dû au chiffre d'affaires, en supposant qu'il existe une interdépendance commerciale entre les trois types de barriques (celles-ci étant très largement substituables).

5. Quelles analyses de l'écart sur marge dû au chiffre d'affaires auraient dû être réalisées si les trois types de barriques avaient été indépendants commercialement ? Expliquer et argumenter.

Éléments de corrigé

Les éléments en gras sont issus de l'énoncé. Tous les autres éléments sont calculés.

Par convention, « F » signifie que l'écart est favorable et « D » signifie qu'il est défavorable.

Prévisions	Quantités	Prix unitaires	Coûts unitaires	Marges unitaires	Chiffre d'affaires	Marge totale
Barrique classique	**5 000**	**14 000**	**10 920**	3 080	70 000 000	15 400 000
Grande barrique	**2 000**	**18 000**	**14 400**	3 600	36 000 000	7 200 000
Barrique châtaignier	**500**	**13 000**	**9 680**	3 320	6 500 000	1 660 000
Total	7 500				112 500 000	24 260 000

Réalisations	Quantités	Prix unitaires	Coûts unitaires	Marges unitaires	Chiffre d'affaires	Marge totale
Barrique classique	**4 000**	14 500	**11 630**	2 870	**58 000 000**	11 480 000
Grande barrique	**3 000**	17 500	**13 700**	3 800	**52 500 000**	11 400 000
Barrique châtaignier	**1 000**	12 000	**8 600**	3 400	**12 000 000**	3 400 000
Total	8 000				122 500 000	26 280 000

1. Écart sur marge = 26 280 000 – 24 260 000 = 2 020 000 Favorable.

2. Écart sur chiffre d'affaires = 122 500 000 – 112 500 000 = 10 000 000 Favorable.

L'écart sur chiffre d'affaires est essentiellement utile aux responsables commerciaux qui peuvent ainsi juger de la réalisation des objectifs commerciaux; mais il ne permet pas de dire quelle est l'influence de ces éventuelles variations sur l'entreprise dans son ensemble. C'est l'écart sur marge qui indique l'influence de ces variations sur le résultat de l'entreprise.

1.1. Écart sur marge dû au chiffre d'affaires

	CA réel	Coût standard des ventes réelles	Marge semi-réelle	Marge préétablie	Écart sur marge dû au CA
Barrique classique	58 000 000	43 680 000	14 320 000	15 400 000	– 1 080 000 D
Grande barrique	52 500 000	43 200 000	9 300 000	7 200 000	2 100 000 F
Barrique châtaignier	12 000 000	9 680 000	2 320 000	1 660 000	660 000 F
Total		96 560 000	25 940 000	24 260 000	1 680 000 F

Cet écart met en évidence le poids du facteur commercial dans l'écart sur marge. Ici, les variations des éléments commerciaux (quantités vendues, prix de vente, composition du portefeuille de ventes) expliquent plus de 80 % de la formation de l'écart sur marge.

1.2. Écart sur coût de production

	Coût réel des ventes réelles	Coût standard des ventes réelles	Écart sur coût de production
Barrique classique	46 520 000	43 680 000	– 2 840 000 D
Grande barrique	41 100 000	43 200 000	2 100 000 F
Barrique châtaignier	8 600 000	9 680 000	1 080 000 F
Total	96 220 000	96 560 000	340 000 F

Cet écart met en évidence le poids du facteur « production » dans l'écart sur marge. Pour aller plus avant dans l'analyse, il aurait fallu que nous disposions des informations permettant de décomposer le coût de production en facteurs élémentaires (charges directes et charges indirectes). Ce n'est pas le cas ici, il faut donc se contenter d'un écart global sur chacun des produits.

1.1.1. Écart sur prix

	Prix standard	Prix réel	Quantités réelles	Écart sur prix
Barrique classique	14 000	14 500	4 000	2 000 000 F
Grande barrique	18 000	17 500	3 000	– 1 500 000 D
Barrique châtaignier	13 000	12 000	1 000	– 1 000 000 D
Total				– 500 000 D

1.1.2. Analyse des variations de volume par rapport aux quantités physiques

1.1.2.1. Écart de volume global

Marge moyenne préétablie = 24 260 000 / 7 500 = 3 234,67.

	Volume global standard	Volume global réel	Marge moyenne préétablie	Écart sur volume global
Barrique classique	5 000	4 000	3 234,67	– 3 234 666,67 D
Grande barrique	2 000	3 000	3 234,67	3 234 666,67 F
Barrique châtaignier	500	1 000	3 234,67	1 617 333,33 F
Total	7 500	8 000		1 617 333,33 F

1.1.2.2. Écart sur composition des ventes

	Quantités réelles	Marge unitaire standard	Marge totale
Barrique classique	4 000	3 080,00	12 320 000
Grande barrique	3 000	3 600,00	10 800 000
Barrique châtaignier	1 000	3 320,00	3 320 000
Total	8 000	3 305,00	26 440 000

D'où une marge moyenne selon la structure des ventes réelles de 3 305,00.

	Marge moyenne préétablie	Marge standard structure réelle	Quantités réelles	Écart sur composition
Total	3 234,67	3 305,00	8 000,00	562 666,67 F

	Marge unitaire préétablie	Marge moyenne préétablie	Quantités préétablies – Quantités réelles	Écart sur composition
Barrique classique	3 080,00	3 234,67	1 000	154 666,67 F
Grande barrique	3 600,00	3 234,67	– 1 000	365 333,33 F
Barrique châtaignier	3 320,00	3 234,67	– 500	42 666,67 F
Total				562 666,67 F

Synthèse

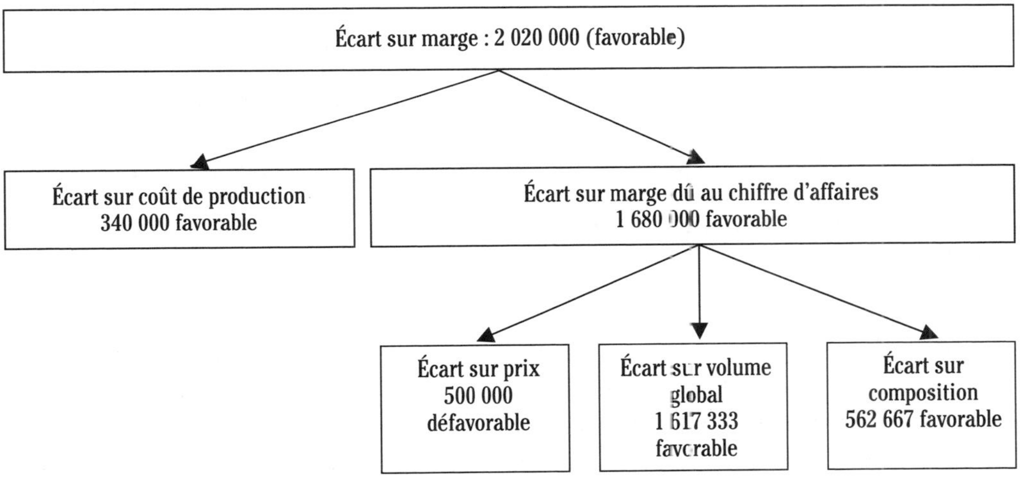

Si les barriques avaient été indépendantes commercialement, l'analyse des variations de volume aurait donné lieu à la mise en évidence d'un seul facteur explicatif : le volume des ventes. On aurait alors obtenu un écart favorable sur volume de 2 180 000 (*Éléments de révision* : Comptabilité de gestion, *chapitre 3, section 2*).

L'analyse des variations de volume en deux facteurs explicatifs n'a en effet de sens que s'il existe une interdépendance entre les produits (ici, les barriques sont substituables). Il faut alors examiner l'influence de la distorsion de la structure du portefeuille d'activités sur le résultat de l'entreprise : les produits n'ayant pas les mêmes marges, leurs poids respectifs à l'intérieur du portefeuille d'activités de l'entreprise ont une influence propre sur le résultat de l'entreprise (en dehors des variations de prix et de celles de volume des ventes).

Vous trouverez des éléments de révision sur le contrôle budgétaire dans l'ouvrage Comptabilité de gestion, *chapitre 3, section 2, paragraphe 3.*

La boulangerie industrielle : les précuits surgelés

L'entreprise Farinat fabrique des petits pains précuits surgelés. Ceux-ci sont destinés aux restaurants qui peuvent ainsi servir à tout moment du pain très proche du pain frais à leurs clients. Dans un premier temps, ce sont les restaurateurs du sud de la France qui ont été séduits par le produit mais, rapidement, la capitale a suivi le mouvement et l'on trouve à présent les petits pains Farinat sur de nombreuses tables, y compris sur celles de « grands » restaurants.

Le cycle de production se déroule en sept temps :

- Le pétrissage : le pétrin malaxe pendant 20 minutes la farine, l'eau, le sel, la levure et les améliorants qui donnent une meilleure tenue à la pâte.

- Le pointage : c'est un moment de pause pour permettre à la pâte de « pousser » sous l'effet des levures.

- Le façonnage : un employé roule le pétrin à la tête de la ligne où une diviseuse découpe la pâte en petites boules qu'elle dépose sur un tapis roulant. Un laminoir les aplatit et les allonge alors afin de leur donner la forme d'une petite flûte.

- La fermentation : les flûtes sont réparties dans les alvéoles des plaques de cuisson qu'un employé charge sur un chariot qui passe quatre heures dans une chambre de fermentation fermée et réglée à 22 °C. C'est dans cette chambre que la pâte lève : c'est « l'apprêt ».

- La précuisson : un employé scarifie les pâtons de trois coups de couteau. C'est la seule intervention manuelle sur le produit au cours de toute la fabrication. Les chariots sont ensuite roulés dans les fours où la cuisson est arrêtée au bout de 8 minutes.

- La surgélation : les chariots sont introduits dans un tunnel de surgélation qui congèle à cœur les pains mi-cuits en une demi-heure. Ceux-ci sont emballés et conservés à – 40 °C.

- Les flûtes précuites surgelées sont livrées aux cuisines des restaurants. En fonction du nombre de couverts prévus, le restaurant enfourne la quantité de pains nécessaire, termine la cuisson en 8 minutes et sert les pains chauds sur les tables après 10 minutes de repos.

La flûte de campagne, produit leader de Farinat, pèse environ 40 grammes et est vendue 1 euro pièce aux restaurants, soit environ 20 % plus cher que les pains surgelés « classiques ». Il semble cependant que les restaurateurs acceptent de payer ce prix pour obtenir un produit dont ils jugent la qualité supérieure à celle des pains surgelés et qu'ils peuvent cuire plus vite.

Deux autres produits sont proposés par Farinat : le petit pain de seigle et le petit pain aux noix. Ils sont également plus chers que les pains surgelés « classiques » mais de meilleure qualité.

Travail à faire

Malgré la fidélité des restaurateurs et la régularité des commandes, les dirigeants ont observé que les résultats financiers n'étaient pas à la hauteur de leurs espérances. Ils s'interrogent sur les raisons de ces mauvaises performances et font appel à vous pour établir un diagnostic de la situation et mettre en place des recommandations pour remédier aux éventuels dysfonctionnements. Ils vous rappellent à cette occasion leur manque de connaissances en gestion et vous demandent de leur remettre un rapport

« compréhensible » excluant tout recours à un quelconque jargon comptable (vous prendrez tout de même le soin d'y annexer les détails et justifications de vos calculs).

Vous vous faites remettre à cette fin un dossier récapitulant les principales informations dont vous avez besoin. Le cycle de production étant particulièrement court, vous décidez de réaliser une analyse hebdomadaire. Au sein du dossier annexe ci-joint, vous trouverez :

1. Des données collectées auprès des services du budget et de la comptabilité : ce sont les informations brutes à partir desquelles vont être calculés les éléments permettant le contrôle budgétaire.

2. Des données restituées par le logiciel de gestion budgétaire qui calcule, à partir des données brutes, les écarts globaux, totaux et sur volume de chaque élément du coût des produits. Vous pouvez, si vous le souhaitez, recalculer ces éléments en utilisant les méthodes de contrôle budgétaire et vous servir du tableau fourni comme corrigé.

3. Des informations calculées par le tableur du contrôleur de gestion qui permet de décomposer les écarts globaux du logiciel de gestion budgétaire en autant de sous-écarts qu'il y a de causes de formation à l'écart global. Vous pouvez là encore, si vous le souhaitez, recalculer ces éléments en utilisant les méthodes de contrôle budgétaire et vous servir des informations fournies comme corrigé.

DOSSIER ANNEXE

1. DONNÉES COLLECTÉES AUPRÈS DES SERVICES DU BUDGET ET DE LA COMPTABILITÉ

- **Objectifs commerciaux hebdomadaires**

– Ventes :

150 lots de flûtes de campagne à 100 € le lot ;

80 lots de pains de seigle à 125 € le lot ;

42 lots de pains aux noix à 130 € le lot.

On vous précise qu'il existe une interdépendance commerciale entre les différents types de pains puisque ceux-ci sont substituables entre eux.

- **Fiche de coûts standard d'un lot de 100 flûtes de campagne**

	Quantité	Coût unitaire	Montant
Charges directes			
Farine	1 kilogramme	4 € le kilogramme	4,00
Levure	50 grammes	10 € le kilogramme	0,50
Améliorants	-	-	2,00
MOD	12 minutes	50 € l'heure	10,00
Charges indirectes			
Centre pétrissage	20 minutes / machine	12 € l'heure	4,00
Centre façonnage	30 minutes / machine	20 € l'heure	10,00

	Quantité	Coût unitaire	Montant
Centre précuisson	15 minutes MOI	120 € l'heure	30,00
Centre surgélation	4 kilogrammes	5 000 € la tonne	20,00
Total			80,50

Coût standard d'un lot de 100 pains de seigle : 100 €.

Coût standard d'un lot de 100 pains aux noix : 102 €.

• **Informations comptables pour la semaine du 12 au 17 octobre (pour la production de flûtes)**

– Consommations :

farine : 169,5 kilos à 4,50 € le kilo ;

levure : 4,175 kilos à 20 € le kilo ;

améliorants : 479,50 €.

– Heures de MOD affectées à la production des flûtes de campagne : 31,5 heures à 60 € l'heure.

– Activités des centres de production :

pétrissage : 55 heures et 41 minutes ;

façonnage : 71 heures et demie ;

précuisson : 40 heures et 24 minutes ;

surgélation : 750 kilos surgelés.

– Coûts des centres de production :

pétrissage : 1 169 € ;

façonnage : 1 680,25 € ;

précuisson : 5 191,40 € ;

surgélation : 3 773,25 €.

– Coûts variables unitaires normaux :

pétrissage : 0,15 € ;

façonnage : 15 € ;

précuisson : 45 € ;

surgélation : 100 €.

Production de la semaine	**Ventes de la semaine**
16 700 flûtes de campagne	245 lots de flûtes de campagne à 100 € le lot
6 000 pains de seigle	70 lots de pains de seigle à 125 € le lot
5 400 pains aux noix	35 lots de pains aux noix à 125 € le lot

– Coûts réels :

d'un lot de pains de seigle : 104 € ;

d'un lot de pains aux noix : 105 €.

2. DONNÉES RESTITUÉES PAR LE LOGICIEL DE GESTION BUDGÉTAIRE

	Coûts réels de la production réelle (1)			Coûts préétablis de la production réelle (2)			Écart global 2 - 1	Coûts préétablis de production prévue (3)			Écarts sur volume 3 - 2	Écart total 3 - 1
	Q	PU	Montant	Q	PU	Mont-ant		Q	PU	Montant		
Charges directes												
Farine	169,5	4,5	762,75	167	4	668	- 94,65 D	150	4	600	- 68 D	- 162,8 D
Levure	4 175	0,02	83,5	8 350	0,01	83,5	0	7 500	0,01	75	-8,5 D	- 8,5 D
Améliorants			479,5	0	0	334	- 145,5 D	0	0	0	- 334 D	- 479,5 D
MOD	31,5	60	1 890	33,4	50	1 670	- 220 D	30	50	1 500	- 170 D	- 390 D
Charges indirectes												
Pétrissage	3 341	0,35	1 169	3 340	0,2	668	- 501,4 D	3 000	0,2	600	- 68 D	- 569,4 D
Façonnage	71,5	23,5	1 680,25	83,5	20	1 670	- 10,25 D	75	20	1 500	- 170 D	- 180,3 D
Précuisson	40,4	128,5	5 191,4	41,75	120	5 010	- 181,4 D	37,5	120	4 500	- 510 D	- 691,4 D
Surgélation	0,75	5 031	3 773,25	0,668	5 000	3 340	- 433,3 D	0,6	5 000	3 000	- 340 D	- 773,3 D
Total	167	90	15 030	167	80,5	13 443,5	- 1 587 D	150	78,5	11 775	- 1 669 D	- 3 255 D

3. INFORMATIONS CALCULÉES PAR LE TABLEUR DE GESTION BUDGÉTAIRE

Écarts sur charges directes

	Écart sur quantité	Écart sur prix	Écart global
Farine	- 10 D	- 84,75 D	- 94,75 D
Levure	41,75 F	- 41,75 D	0
Améliorants	0	0	- 145,5 D
MOD	95 F	- 315 D	- 220 D

Écarts sur charges indirectes

	Rendement	Activité	Budget	Total
Centre pétrissage	- 0,2 D	17,05 F	- 518,2 D	- 501,35 D
Centre façonnage	240 F	- 17,50 D	- 232,75 D	- 10,25 D
Centre précuisson	162 F	217,50 F	- 560,90 D	- 181,40 D
Centre surgélation	- 410 D	735 F	- 758,25 D	- 433,25 D

Écart sur marge = 2 205 D = 6 825 – 4 620

Prévisions	Quantités	Prix unitaires	Coûts unitaires	Marges unitaires	Chiffre d'affaires	Marge totale
Campagne	**150**	**100**	**80,50**	19,50	15 000	2 925
Seigle	**100**	**125**	**100**	25,00	12 500	2 500
Noix	**50**	**130**	**102**	28,00	6 500	1 400
Total	300				34 000	6 825

Réalisations	Quantités	Prix unitaires	Coûts unitaires	Marges unitaires	Chiffre d'affaires	Marge totale
Campagne	**245**	**100**	**90**	10,00	24 500	2 450
Seigle	**70**	**125**	**104**	21,00	8 750	1 470
Noix	**35**	**125**	**105**	20,00	4 375	700
Total	350				37 625	4 620

1. Écart sur marge dû au CA

	CA réel	Coût standard des ventes réelles	Marge semi-réelle	Marge préétablie	Écart marge dû au CA
Campagne	24 500	19 723	4 778	2 925	1 853 F
Seigle	8 750	7 000	1 750	2 500	– 750 D
Noix	4 375	3 570	805	1 400	– 595 D
Total		30 293	7 333	6 825	508 F

2. Écart sur coût de production

	Coût réel des ventes réelles	Coût standard des ventes réelles	Écart sur coût production
Campagne	22 050	19 723	2 328 D
Seigle	7 280	7 000	280 D
Noix	3 675	3 570	105 D
Total	33 005	30 293	2 713 D

1.1. Écart sur prix

	Prix standard	Prix réel	Quantités réelles	Écart sur prix
Campagne	100	100	245	0
Seigle	125	125	70	0
Noix	130	125	35	– 175 D
Total				– 175 D

1.2. Écart de volume global (référence : quantités physiques)
Marge moyenne préétablie = 22,75.

	Volume global standard	Volume global réel	Marge moyenne préétablie	Écart sur volume global
Campagne	150	245	22,75	2 161,25 F
Seigle	100	70	22,75	– 682,50 D
Noix	50	35	22,75	– 341,25 D
Total	300	350		1 137,50 F

1.3. Écart sur composition des ventes (référence : quantités physiques)
Marge moyenne selon structure vente réelle = 21,45.

	Marge unitaire préétablie	Marge moyenne préétablie	Qp – Qr	Écart sur composition
Campagne	19,50	22,75	– 95	308,75 D
Seigle	25,00	22,75	30	67,50 D
Noix	28,00	22,75	15	78,75 D
Total				455,00 D

Éléments de corrigé

Le travail qui vous est demandé ici est un travail d'analyse. C'est là l'essentiel de la valeur ajoutée apportée par le contrôleur de gestion. De plus en plus, avec le développement de l'informatique, il ne s'agit plus de faire les calculs mais de savoir les faire pour pouvoir les informatiser (ou les faire informatiser) et, surtout, pour pouvoir les analyser, leur donner du sens. En matière de contrôle budgétaire, il faut être attentif avant tout à se situer dans une optique de gestion par exception : on n'attend pas de vous une analyse exhaustive mais la mise en évidence des éléments saillants.

1. Analyse des écarts sur chiffre d'affaires

Tous les écarts sur marge sont défavorables, mais ils résultent de deux types de causes : celles liées aux variations du chiffre d'affaires et celles liées aux variations des coûts de production, d'où la nécessité d'isoler ces deux facteurs.

L'écart sur marge dû au seul chiffre d'affaires n'est pas très important par lui-même (508 favorable) mais il cache des divergences très importantes entre les produits.

- La **flûte de campagne** voit son volume de vente fortement augmenter (+163 %) mais, comme elle est le produit du portefeuille d'activité ayant la plus faible marge, cette progression n'est pas aussi bénéfique pour l'entreprise qu'elle pourrait l'être (d'où un écart sur composition des ventes défavorable de 308,75). À ceci s'ajoute le fait que la marge de la flûte de campagne s'est détériorée puisqu'elle passe de 19,50 (en prévisionnel) à 10,00 (en réel). Or, cette détérioration n'est absolument pas liée à une variation du prix de vente (qui reste conforme aux prévisions) mais à une **augmentation de plus de 11 % du coût de production**. C'est pourquoi cette première analyse devra être suivie d'un travail sur les écarts sur coûts de production.

- Les deux autres catégories de pains ont une influence bien moindre sur l'écart sur marge dû au chiffre d'affaires. Farinat a vendu moins de ces produits que ne le prévoyait le budget des ventes. Cette diminution est, de plus, accrue par le fait qu'il s'agissait de produits à plus fortes marges que la moyenne du portefeuille d'activité. Pour ce qui concerne les seuls pains aux noix, s'ajoute à cela une dégradation du prix de vente.

2. Analyse des écarts sur coût de production

Les écarts sur coûts de production sont tous défavorables (pour un montant global de 2 713) mais ce sont les flûtes de campagne qui expliquent à elles seules l'essentiel de cet écart (2 328 défavorable lorsqu'on raisonne sur une base de ventes réelles, 1 587 défavorable lorsqu'on raisonne sur une base de production réelle). Telle est la raison, conjuguée au fait que la flûte de campagne constitue le produit leader de Farinat, qui nous amène à pousser plus loin l'analyse en observant en détail les éléments constitutifs du coût de production grâce aux données fournies par le logiciel de gestion budgétaire.

Les données du logiciel de gestion budgétaire fournissent les premiers enseignements et les premières pistes d'analyse. Il faut tout d'abord préciser que l'on s'intéresse à **l'écart global** car l'écart sur volume traduit uniquement le fait que la production réelle est supérieure à la production normale et ne donne par conséquent pas lieu à une analyse intéressante du détail des charges. Par ailleurs, et pour l'ensemble des éléments constitutifs du coût de production, il faudra être attentif à vérifier en premier lieu la **pertinence du suivi** et du **système de prévision** avant d'envisager de quelconques mesures correctives ; ceci est d'autant plus vrai s'il s'agit d'une activité relativement récente pour laquelle peuvent ne pas avoir été modélisés, dans le système de prévisions, des **phénomènes d'apprentissage** ou **d'économie d'échelle**. Enfin, en présence de variations susceptibles d'être prises en compte dans le système de prévision, on n'oubliera pas que l'analyse ne porte ici que sur **une semaine** et que les éléments nouveaux qui pourraient apparaître devront être confirmés avant toute modification de la fiche de coûts standard.

En matière de charges directes, les éléments majeurs concernent :

– les écarts sur prix et quantités de main-d'œuvre : la très forte augmentation du taux horaire traduit-elle le recours à une main-d'œuvre plus qualifiée ? des primes de rendement ? une mauvaise répartition du travail qui a engendré le paiement d'heures supplémentaires certains jours bien que globalement – sur la semaine – on ait travaillé moins (cette dernière hypothèse paraît peu probable sur une période si courte) ?

– la consommation d'améliorants en hausse (sans que l'on puisse dire si ce sont les prix ou les quantités d'améliorants qui sont en cause) qui pourrait être liée à une moindre qualité de la farine. Attention dans ce cas-là, car augmenter l'importance des améliorants peut être préjudiciable à la qualité des produits ;

– le prix de la farine : est-il possible pour Farinat d'influer sur le facteur prix ? Il faut étudier ce point avec le responsable des achats (mauvaise négociation ? évolution des prix du marché ?, etc.) ;

– dans une moindre mesure, la consommation de levure : est-ce une meilleure qualité de levure qui a permis de moins consommer (en quantité) mais, par conséquent, de la payer plus cher ? Si ce n'est pas le cas, veiller à préserver la qualité des produits : une petite économie sur une consommation peut entraîner une grosse perte si les clients trouvent la qualité moindre.

En matière de charges indirectes, les éléments majeurs concernent :

– des dérapages importants et systématiques des budgets ;

– un problème de rendement du centre surgélation qui peut être lié à la suractivité (phase de rendements décroissants liée à la « fatigue » des congélateurs) ;

– une amélioration du rendement du centre façonnage qui peut, si elle est confirmée, donner lieu à une modification du standard.

Conclusion

Si l'on considère cette semaine du 12 au 17 octobre comme représentative de l'activité de Farinat, on peut schématiquement mettre en évidence deux problèmes majeurs :

– d'une part, un **équilibre du portefeuille de produits** puisque le produit « leader » (qui est également celui ayant la plus faible marge et celui sur lequel pèsent le plus les difficultés de maîtrise des coûts de production) a tendance à y prendre une place de plus en plus importante au détriment de produits à plus forte marge. Ce sont les responsables commerciaux de Farinat qui devront juger s'ils ont les moyens d'agir sur ce phénomène (par exemple en proposant des prix plus attractifs pour les pains de seigle et les pains aux noix) ou si celui-ci est tout à fait représentatif des évolutions auxquelles va devoir s'adapter Farinat (et adapter ses prévisions commerciales) ;

– d'autre part, un **dérapage des coûts de production** (particulièrement sensible pour les flûtes de campagne) qui vient accroître les difficultés liées à l'équilibre du portefeuille de produits. Là encore, ce sont les responsables des approvisionnements, ceux des centres d'analyse et le directeur des ressources humaines qui auront à se prononcer sur la part de responsabilité – et donc sur la possibilité de maîtrise – de l'entreprise. Il faut cependant veiller, en matière de suivi des coûts, à rester très prudent dans les choix qui vont être opérés. Il ne semble pas que Farinat tire son avantage concurrentiel d'une domination par les coûts : ses clients – et notamment les grands restaurateurs – préféreront vraisemblablement une augmentation de prix à une baisse de la qualité. Ce qui signifie que **la préoccupation de qualité doit toujours primer sur une réduction trop drastique des coûts.**

Vous trouverez des éléments de révision sur le contrôle budgétaire dans l'ouvrage Comptabilité de gestion, *chapitre 3, section 2, paragraphes 3, 4 et 5.*

Le cabinet Ayutthaya

Le cabinet Ayutthaya est un cabinet d'architectes spécialisé dans les maisons de ville. Il est composé essentiellement d'architectes et d'urbanistes qui sont assistés pour certaines de leurs missions par des stagiaires spécialisés. Les tâches administratives et de secrétariat sont réalisées à l'extérieur du cabinet par une agence spécialisée, mais aussi par les associés qui doivent tout à la fois exercer leurs talents auprès des clients et gérer le cabinet.

1. La masse salariale du cabinet a connu ces dernières années des évolutions importantes par rapport aux éléments prévisionnels. Les associés du cabinet l'expliquent intuitivement par les mutations d'activité qui ont engendré une évolution de la structure sociale du cabinet. Ils souhaiteraient cependant que vous chiffriez précisément chacune des causes de variation de la masse salariale et vous fournissent à cette fin les deux tableaux suivants :

Prévisionnel	Architectes			Urbanistes			Total général
Ancienneté	< 5 ans	> 5 ans	Total	< 5 ans	> 5 ans	Total	
Effectif moyen	15	10	25	5	10	15	40
Rémunération moyenne mensuelle individuelle	3 000	5 000		4 000	7 000		
Masse salariale	540 000	600 000	1 140 000	240 000	840 000	1 080 000	2 220 000

Réel	Architectes			Urbanistes			Total général
Ancienneté	< 5 ans	> 5 ans	Total	< 5 ans	> 5 ans	Total	
Effectif moyen	20	10	30	10	10	20	50
Rémunération moyenne mensuelle individuelle	3 150	5 500		4 200	7 500		
Masse salariale	756 000	660 000	1 416 000	504 000	900 000	1 404 000	2 820 000

2. La seconde explication qui vous est donnée par les associés pour justifier les évolutions importantes subies par la masse salariale est liée aux considérables augmentations de salaires qui ont été accordées au cours de l'année pour pallier le risque de défection des salariés qui étaient, jusque-là, rémunérés à un taux très inférieur à celui du marché. Ils vous précisent que les augmentations de salaires constatées entre les situations prévisionnelle et réelle résultent d'une augmentation générale collective de 10 % ainsi que d'une augmentation accordée aux salariés ayant plus de cinq années d'ancienneté dans le cabinet ; cette dernière augmentation ayant pris effet le 1er octobre. Aucune augmentation n'est intervenue en N – 1.

Vous poursuivez votre travail en mettant en évidence les effets de ces mesures sur la masse salariale : effet de niveau, effet de masse, effet de report. Vous réalisez ce travail pour une seule catégorie de salariés : les architectes ayant plus de cinq années d'ancienneté.

3. Vous proposez enfin quelques indicateurs permettant au cabinet de percevoir l'évolution et de piloter les ressources humaines, de façon plus riche que ne le permet le simple suivi de la masse salariale.

Éléments de corrigé

Les éléments en gras sont issus de l'énoncé. Tous les autres éléments sont calculés.

Par convention, « F » signifie que l'écart est favorable et « D » signifie qu'il est défavorable.

Intuitivement on constate que quatre causes se conjuguent pour expliquer l'écart global constaté entre la masse salariale prévisionnelle et la masse salariale réelle :

- une augmentation des effectifs,
- une hausse des salaires,
- une modification de la proportion d'architectes et d'urbanistes,
- un rajeunissement des salariés.

Essayons de chiffrer les conséquences de chacune de ces causes.

Écart global

Masse salariale prévisionnelle = 2 220 000.

Masse salariale réelle = 2 820 000.

D'où un écart global de 2 820 000 – 2 220 000 = 600 000 D puisque la masse salariale a progressé de 600 000, ce qui constitue un accroissement de charge.

Écart sur effectif

Variation d'effectif = 50 – 40 = + 10.

Salaire moyen prévisionnel = 2 220 000 / 40 = 55 500.

D'où un écart sur effectif de 555 000 D. Si le seul élément de changement entre la situation prévisionnelle et la situation réelle était le nombre de salariés, alors la masse salariale progresserait de 555 000.

Écart sur composition par catégories de qualifications

Poids des architectes dans la structure réelle : 30 / 50 = 60 %.

Poids des urbanistes dans la structure réelle : 20 / 50 = 40 %.

Salaire prévisionnel annuel moyen des architectes : 1 140 000 / 25 = 45 600.

Salaire prévisionnel annuel moyen des urbanistes : 1 080 000 / 15 = 72 000.

Salaire moyen prévisionnel (ancienneté prévisionnelle et structure prévisionnelle) = 55 500.

Salaire moyen prévisionnel (ancienneté prévisionnelle et structure réelle) = 45 600 × 60 % + 72 000 × 40 % = 56 160.

Effectif réel : 50.

D'où un écart sur composition par catégories de qualifications de 50 × (56 160 – 55 500) = 33 000 D. Le simple fait que le poids relatif des urbanistes (c'est-à-dire de la catégorie de salariés la plus payée) s'accroisse dans la structure réelle engendre une augmentation de la masse salariale de 33 000.

Écart sur composition à l'ancienneté

	Effectif réel	Salaire moyen prévisionnel (ancienneté prévisionnelle)	Salaire moyen prévisionnel (ancienneté réelle)	Écart sur composition à l'ancienneté
Architectes	30	45 600	3 000 × 12 × 20 / 30 + 5 000 × 12 × 10 / 30 = 44 000	48 000 F
Urbanistes	20	72 000	4 000 × 12 × 10 / 20 + 7 000 × 12 × 10 / 20 = 66 000	120 000 F

D'où un écart sur composition par ancienneté de 48 000 F + 120 000 F = 168 000 F. Le « rajeunissement » du personnel entraîne une économie en raison du poids relatif plus important des salariés sans ancienneté dans le cabinet (donc moins payés) au détriment des salariés expérimentés (donc davantage payés).

Écart sur taux nominal

Salaire moyen réel (ancienneté réelle et structure réelle) = 2 820 000 / 50 = 56 400.

Salaire moyen prévisionnel (ancienneté réelle et structure réelle) =
44 000 × 60 % + 66 000 × 40 % = 52 800.

Effectif réel : 50.

D'où un écart sur taux nominal de 50 × (56 400 – 52 800) = 180 000 D. Indépendamment de toutes les autres modifications des éléments constitutifs de la masse salariale, les seules augmentations de salaires entraînent une majoration de la masse salariale de 180 000.

Écart global	600 000 D
Écart sur effectif Écart sur composition par catégories de qualifications Écart sur composition à l'ancienneté Écart sur taux nominal	555 000 D 33 000 D 168 000 F 180 000 D

Effets des mesures sur la masse salariale

Les incidences des mesures d'augmentation sur la masse salariale dépendent des dates auxquelles sont décidées et appliquées les augmentations.

Les salariés ayant une ancienneté inférieure à 5 ans ont bénéficié de la seule augmentation générale collective de 10 %, mais nous ignorons quand celle-ci a pris effet.

Pour les architectes : 150 = 3 000 × 10 % × m / 12. D'où m = 6 : les augmentations ont donc été appliquées à partir du 1er juillet.

Pour les architectes ayant une ancienneté supérieure à 5 ans, cette seule augmentation générale collective aurait dû produire les augmentations de salaires suivantes : (5 000 × 6 + 5 000 × 1,1 × 6) / 12 = 5 250. Or le salaire moyen des architectes est de 5 500. Ils ont donc bénéficié d'une augmentation supplémentaire qui a accru leur salaire mensuel moyen de 250. Nous savons, par ailleurs, que cette augmentation a pris effet le 1er octobre, c'est-à-dire sur les trois derniers mois de l'année. D'où montant de l'augmentation = (250 × 12) / 3 = 1 000.

On obtient donc les salaires mensuels suivants :

	Architectes	
Ancienneté	< 5 ans	> 5 ans
Rémunération mensuelle individuelle décembre N – 1 (base du prévisionnel)	3 000	5 000
Rémunération mensuelle individuelle décembre N (réel) : Rémunération « de base » + augmentation générale (1er juillet) + augmentation ancienneté (1er octobre)	3 300 3 000 300 0	6 500 5 000 500 1 000

Effet de niveau

Il correspond à la variation du salaire mensuel entre deux dates données. Ici nous comparons le salaire prévisionnel moyen (décembre N – 1) au salaire réel moyen (décembre N).

6 500 / 5 000 = 1,3. Ce qui signifie que les salaires des architectes ayant une ancienneté supérieure à 5 ans ont augmenté de 30 % entre décembre N – 1 et décembre N.

Le niveau de salaire correspond aux hausses de salaires, telles qu'elles peuvent être perçues par les salariés.

Effet de masse

C'est la variation de la masse des salaires annuels entre deux années successives (ici, entre une situation prévisionnelle et une situation réelle) : salaires annuels réels / salaires annuels prévisionnels = 660 000 / 600 000 = 1,1. C'est un indicateur stratégique pour l'employeur, car il mesure le coût réel des augmentations pour l'entreprise. Les architectes ont perçu une augmentation de 30 % de leurs salaires mais celle-ci n'a coûté au cabinet que 10 % de leur masse salariale, en raison des dates auxquelles ont pris effet les deux augmentations (1er juillet et 1er octobre).

Effet de report

En revanche, ces mesures vont produire des effets sur la masse salariale N + 1 de cette catégorie de salariés, indépendamment de toute autre mesure qui pourrait être décidée en N + 1.

6 500 × 12 × 10 / 660 000 = 1,1818. Le simple report des variations de N entraînera une augmentation de la masse salariale N + 1 de cette catégorie de salariés de 18,18 % par rapport à la masse salariale de N.

Indicateurs pour la gestion des ressources humaines

Un tableau de bord doit permettre avant tout le pilotage du cabinet et la prise en compte de l'ensemble des facteurs clés de succès de la gestion des ressources humaines. Il devra donc, bien sûr, comporter des indicateurs financiers permettant de réaliser un contrôle budgétaire de la masse salariale, tel que nous l'avons accompli dans la première question de ce cas, mais aussi des indicateurs physiques, qualitatifs, humains permettant de saisir tous les aspects de cette fonction multipolaire. Dans le cas du cabinet Ayutthaya, la gestion du personnel revêt une importance accrue car le facteur humain est essentiel à la compétitivité et à la performance du cabinet ainsi qu'à son positionnement concurrentiel.

Nous proposons ci-après quelques pistes de ce que pourraient être de tels indicateurs :

Indicateurs financiers		Niveau des salaires	% du chiffre d'affaires % des coûts du cabinet Par rapport au marché
		Variation de la masse salariale	Augmentations collectives Primes individuelles Effet de report
		Coût moyen d'un recrutement	
		Budget de formation	
Indicateurs physiques	d'activité	Nombre de salariés	Architectes Urbanistes
		Nombre de stagiaires	
		% de salariés formés	
		Nombre de jours de formation	Total Par salarié
	de qualité	Turnover	
		Nombre de candidatures	Pour pourvoir un poste Spontanées
		Délai moyen de recrutement	
		Nombre de départs regrettés	
		Nombre de promotions internes	
		Taux de satisfaction des salariés	
	prospectifs	Âge moyen par catégorie de salariés	
		Pyramide des âges	
		Nouveaux postes	
		Nouvelles compétences	
		Nouvelles formations	
Indicateurs humains		Taux de démissions	
		Heures supplémentaires	
		Mobilité du personnel	
		Taux d'absentéisme	

Vous trouverez des éléments de révision sur l'application du contrôle budgétaire et de gestion à la gestion des ressources humaines dans l'ouvrage Comptabilité de gestion, *chapitre 3, section 2, paragraphe 6.*

Le budget base zéro

Proposer une démarche BBZ pour le service comptable d'une entreprise.

Éléments de corrigé

Le budget base zéro est « un procédé de planification et de budgétisation qui exige de la part de chaque manager d'un centre de décision qu'il justifie dans le détail et dès son origine (d'où l'intitulé de base zéro) tous les postes du budget dont il a la responsabilité et qu'il donne la preuve de la nécessité d'effectuer une dépense » (Peter Pyhrr in *Zero-Base Budgeting: a Practical Management Tool for Evaluating Expenses*, New York, John Wiley and Sons, 1973).

Les besoins de l'organisation vont par conséquent être analysés sans référence aux dépenses passées, aux budgets antérieurs. C'est à partir des missions du service comptabilité que seront déterminés les moyens qui doivent lui être alloués. Le service de comptabilité constitue un centre de décision puisque c'est un ensemble de l'entreprise qui a une finalité unique et qui relève d'une responsabilité unique. Sa fonction est de permettre :

– la saisie complète, l'enregistrement chronologique et la conservation des données de base ;

– le contrôle de l'exactitude des données et des procédures de traitement ;

– la disponibilité des informations élémentaires et l'établissement en temps opportun d'états dont la production est prévue ou requise.

1. La comptabilité est une obligation légale

Elle doit, dans ce cadre-là, réaliser un certain nombre d'activités : enregistrement comptable des mouvements affectant le patrimoine de l'entreprise, contrôle par inventaire des éléments actif et passif du patrimoine, établissement des comptes annuels. Ces activités ne peuvent être remises en cause (l'entreprise n'a pas le choix de les réaliser ou non).

Activités au cœur de la fonction :

– production de l'information financière externe (comptes annuels) ;

– production des documents fiscaux et sociaux ;

– production des éventuels comptes de groupe ;

– gestion des référentiels comptables, etc.

Le budget minimum (**budget de base**) est celui qui énonce les moyens permettant de réaliser ces obligations légales. Il peut cependant donner lieu à des **projets alternatifs** correspondant à des procédés de traitement comptable différents auxquels seront associés des budgets alternatifs.

→ *Solution interne* : l'activité comptable est réalisée par un service comptable interne à l'entreprise. Il faut alors établir le budget correspondant aux moyens alloués à ce service : quel budget en personnel ? en matériel ? en progiciel comptable ?

→ *Solution externe* : l'activité comptable est sous-traitée : il s'agit donc de mettre en place un traitement informatique à façon qui consiste à confier à une entreprise de services (cabinet d'expertise comptable) le traitement de la comptabilité de l'entreprise.

L'arbitrage qui devra être effectué entre ces deux propositions sera fonction des coûts mais également du niveau de performance attendu.

2. La comptabilité est une source d'information pour la gestion

Au-delà de ce minimum légal, l'entreprise peut attendre de son service comptable des extensions de service sur :

– la quantité des informations produites (fréquence plus élevée des productions : comptes infra-annuels, etc.) ;

– les délais de production d'informations (comptes annuels établis x semaines après la clôture) ;

– l'amplitude des prestations fournies : le service comptable pourrait ainsi être également chargé d'aspect de reporting interne mais aussi d'activités en lien avec les systèmes amont (service des achats, service des immobilisations, service fournisseurs, service clients, service personnel, trésorerie, etc.).

Ces différentes extensions de service donneront lieu à l'établissement de **budgets complémentaires** qui correspondront aux différents niveaux de services possibles.

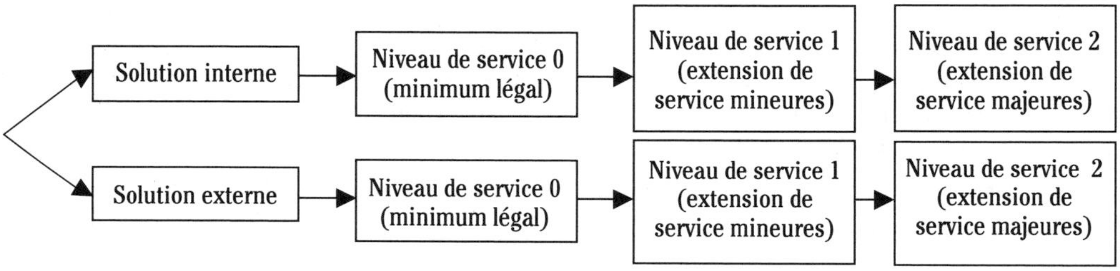

Vous trouverez des éléments de révision sur le budget base zéro dans l'ouvrage Comptabilité de gestion, *chapitre 3, section 3, paragraphe 3.*

L'entreprise Hérédia

L'entreprise Hérédia est spécialisée dans l'exploitation de bois précieux, et plus particulièrement de l'amarante, de l'amourette, du patawa et du bois serpent. Son activité principale est la recherche et l'abattage des bois ainsi que le reboisement qui permet d'assurer une pérennité à son activité.

La capacité de son centre d'exploitation du bois est de 10 000 stères par an mais seuls 5 000 stères sont vendus à des clients. L'exploitation du bois revient à 700 euros par stère de bois, auxquels il faut ajouter l'amortissement du capital technique pour 5 000 000 d'euros par an.

À côté de ce premier métier, l'entreprise Hérédia a développé une activité de scierie qui propose aux particuliers et aux entreprises des travaux à façon sur des bois plus communs (merisier, épicéa, frêne, etc.). Pour utiliser le bois précieux non vendu à des clients, Hérédia a imaginé un travail d'artisanat d'art en confiant à la scierie la réalisation d'objets de décoration en bois précieux. Cette activité étant très accessoire pour la scierie, elle ne comptabilise pour ce travail que des charges variables qui s'élèvent en moyenne à 900 euros par stère de bois. Le prix de vente des objets en bois précieux est en moyenne de 2 200 euros par stère de bois.

Les stères de bois du centre exploitation sont cédés – aux clients comme au centre scierie – au prix moyen de 1 700 euros.

1. Cette nouvelle activité vous semble-t-elle intéressante ?

2. Quel est le prix de cession interne minimum envisageable pour l'exploitation ? Quel est le prix maximum envisageable pour la scierie ?

3. Finalement, après arbitrage, la direction fixe le prix de cession comme étant la moyenne entre ces deux prix. Le résultat de l'entreprise est-il modifié ? De quel montant ?

4. Peu satisfait de devoir vendre en interne à un prix inférieur au prix de marché, le centre exploitation décide de se lancer dans la prospection de nouveaux clients externes. Au cours de l'année suivante, il a réussi à céder 9 000 stères en externe (et par conséquent seulement 1 000 stères ont été transférés à la scierie). La prospection a engendré des frais qui s'élèvent pour l'année à 2 000 000 d'euros. Cette opération vous semble-t-elle intéressante ?

Éléments de corrigé

Les éléments en gras sont issus de l'énoncé. Tous les autres éléments sont calculés.

1. Globalement, au niveau de l'entreprise, il semble bien que cette nouvelle activité soit très intéressante sur le plan financier puisque, sans transfert au centre scierie, l'exploitation de bois précieux ne rapporterait rien à l'entreprise alors qu'avec le transfert au centre scierie (et l'augmentation de charges variables qu'implique ce nouveau métier) le résultat serait de 3 000 000 d'euros. Ce gain est lié à la fois à un accroissement du chiffre d'affaires et à une utilisation maximale de la capacité de production.

	Exploitation	Scierie	Entreprise
Capacité	**10 000**		
Ventes externes	**5 000**		
Chiffre d'affaires	**8 500 000**		8 500 000
Cession interne	0		0
Coûts variables	**3 500 000**		3 500 000
Coûts fixes	**5 000 000**		5 000 000
Résultat	0	Non communiqué	0

2. Cependant, on ne peut pas dire que le prix de cession interne de 1 700 euros permette d'assurer la convergence des objectifs puisque, si le centre d'exploitation a tout à fait intérêt à réaliser cette opération, le centre scierie va vraisemblablement refuser car cette nouvelle activité amoindrira son résultat de 2 000 000 d'euros.

	Exploitation	Scierie	Entreprise
Capacité	10 000	**5 000**	
Chiffre d'affaires Cession interne	**8 500 000** **8 500 000**	**11 000 000** **- 8 500 000**	19 500 000 0
Coûts variables Coûts fixes	**7 000 000** **5 000 000**	**4 500 000** 0	11 500 000 5 000 000
Résultat	5 000 000	– 2 000 000	3 000 000

La scierie n'acceptera vraisemblablement pas un prix supérieur à 1 300 euros, c'est-à-dire à la marge dégagée sur cette activité (2 200 – 900). Si le prix de cession est fixé à 1 300 euros, le résultat de la scierie pour l'activité bois précieux sera égal à 0 mais, globalement, l'entreprise sera toujours gagnante.

L'exploitation n'acceptera vraisemblablement pas un prix inférieur à 700 euros, c'est-à-dire le coût variable de chaque stère. Ce centre peut en effet considérer que ses charges fixes sont couvertes par les prix de vente externes et que, par conséquent, le prix de vente interne peut être supérieur ou égal au seul coût marginal des stères, soit 700 euros.

3. Si l'entreprise opère un arbitrage retenant la moyenne de ces deux propositions, le prix de cession interne sera de 1 000 euros par stère. Le résultat global de l'entreprise n'en sera évidemment pas modifié (il sera toujours de 3 000 000 d'euros) puisque le prix de cession interne est un instrument de gestion qui permet seulement de localiser la formation du résultat. En revanche, les résultats des centres seront modifiés :

– pour l'exploitation : 8 500 000 + (5 000 × 1 000) – 12 000 000 = 1 500 000 euros ;

– pour la scierie : 11 000 000 – (5 000 000 + 4 500 000) = 1 500 000 euros.

4. L'exploitation n'est pas satisfaite de l'amoindrissement de son résultat et décide d'engager des frais de prospection.

	Exploitation	Scierie	Entreprise
Capacité	10 000	1 000	
Chiffre d'affaires Cession interne	15 300 000 1 000 000	2 200 000 – 1 000 000	17 500 000 0
Coûts variables Coûts fixes	7 000 000 7 000 000	900 000 0	7 900 000 7 000 000
Résultat	2 300 000	300 000	2 600 000

Au niveau global de l'entreprise, ce choix n'est pas intéressant puisque le résultat serait de 2 600 000 euros (soit 400 000 de moins que dans la configuration précédente) : cette décision entraîne en effet un accroissement des charges fixes de 2 000 000 d'euros qui n'est que partiellement compensé par l'évolution de la structure des ventes. La marge sur coûts variables dégagée par les clients externes de l'exploitation (1 000 euros) est en effet supérieure à celle dégagée par les clients externes de la scierie (1 300 – 700 = 600 euros) mais cette différence n'est pas suffisante pour combler l'augmentation des charges fixes :

Marge supplémentaire 4 000 stères × 1 000 – 600	1 600 000
Charges fixes supplémentaires	2 000 000
Amoindrissement du résultat	– 400 000

Vous trouverez des éléments de révision sur les prix de cession interne dans l'ouvrage Comptabilité de gestion, *chapitre 3, section 4.*

L'entreprise Arénal

L'entreprise Arénal produit et commercialise des bijoux fantaisie positionnés « haut de gamme » par un réseau de distributeurs exclusifs. Jusqu'à présent, les résultats étaient extrêmement satisfaisants puisque toute la production annuelle était vendue (soit 500 000 objets), à un prix moyen de 490 euros. Cette réussite commerciale était accompagnée de très bons résultats financiers avec un taux de rentabilité exceptionnel (résultat / chiffre d'affaires) de 20,41 % qui permettait de s'assurer de la fidélité de l'ensemble des actionnaires. Les coûts représentaient 195 000 000 d'euros, dont 50 000 000 correspondaient aux charges de structure.

Une récession importante du marché a fait chuter la demande à 350 000 bijoux par an. Face à cette situation, Arénal décide de céder les bijoux non vendus à une chaîne de grande distribution de bijoux. Elle crée pour cela une petite structure chargée des relations et de la vente de ces bijoux, ainsi que de leur transformation, pour éviter que ceux-ci ne « cannibalisent » ses produits haut de gamme. Les charges de cette structure sont donc relativement peu importantes : 1 800 000 euros de charges de structure et 15 euros de charges variables unitaires. Le prix de vente moyen de ces produits est de 400 euros et la demande de la chaîne de grande distribution s'élève à 100 000 bijoux.

La difficulté provient du fait que l'entreprise a érigé chacun de ces deux départements (« haut de gamme » et « grande distribution ») en centres de profit et que les discussions autour des prix de cession sont enflammées. Comme il semble que la solution tarde à venir, vous rencontrez les deux responsables pour faire le point sur la situation.

Le responsable grande distribution : « Après réflexion, étude et discussion, nous en sommes arrivés à la conclusion, Monsieur haut de gamme et moi-même, que la solution d'utiliser ma structure pour commercialiser l'excédent de la production était une erreur. En effet, Monsieur haut de gamme refuse absolument de me céder les bijoux à un prix inférieur à 329 euros pièce, ce qui me fait espérer un taux de rentabilité ridicule face aux exigences du staff de la direction générale. Donc je ne peux accepter. »

Le responsable haut de gamme : « La question n'est pas que je refuse de céder mes bijoux mais plutôt que je ne peux pas céder mes bijoux à un prix inférieur à 329 euros. C'est pourtant simple, faites les calculs ! »

Le responsable grande distribution : « Je terminerai juste cette discussion sur une bonne nouvelle. Si, comme vous avez pu le constater au travers des éléments que nous venons de vous communiquer, ce serait une erreur de nous faire travailler ensemble, je peux par contre vous proposer de laisser mon département s'approvisionner en produits d'une qualité un peu moindre. J'ai trouvé une filière qui me propose le bijou à transformer à 300 euros. Dans ces conditions tout le monde serait content... donc, aucun regret à avoir à propos de l'ancienne solution. »

1. Récapituler, au sein d'un document de synthèse, les différentes possibilités envisagées.

2. Analyser les points de vue des deux départements ainsi que celui de l'entreprise.

3. Quelles sont les possibilités d'arbitrage ?

On vous précise qu'aucun des deux départements ne stocke de produits. La production est en permanence ajustée à la demande.

Éléments de corrigé

Les éléments en gras sont issus de l'énoncé. Tous les autres éléments sont calculés.

Situation initiale

La récession du marché, qui a fait chuter la demande à 350 000 bijoux par an, a des répercussions très importantes sur le taux de rentabilité de l'entreprise : une partie des moyens de production étant inemployée, on observe une forte dégradation du taux de rentabilité qui chute brutalement à 11,66 %. On comprend, dans ces conditions, qu'Arénal ait cherché une solution alternative pour utiliser sa capacité de production et ainsi répartir ses charges de structure sur un plus grand nombre de produits.

	Arénal (pleine capacité)	**Arénal (demande = 350 000)**
Capacité de production	500 000	500 000
Ventes externes	**500 000**	**350 000**
Charges variables unitaires	290	290
Charges fixes	50 000 000	50 000 000
Prix de vente externe	**490**	490
CA externe	245 000 000	171 500 000
Charges variables	**145 000 000**	101 500 000
Charges fixes	**50 000 000**	50 000 000
Résultat	50 000 000	20 000 000
Taux de rentabilité	**20,41 %**	11,66 %

Solution interne avec un prix de cession à 329 euros

Le prix de cession de 329 euros est le prix le plus bas que peut accepter Monsieur haut de gamme. C'est pour lui le prix plancher qui lui permet de maintenir exactement son taux de rentabilité. En deçà, celui-ci s'effondre et il aura vraisemblablement à en répondre devant le comité de direction. On peut d'ailleurs imaginer que, même à 329 euros, on lui demandera pourquoi il n'a pas amélioré ses résultats alors que le groupe a mis en place une structure pour faire face à sa sous-activité.

Pour Monsieur grande distribution, ce prix de 329 euros est beaucoup trop élevé si les critères d'évaluation de sa performance se fondent uniquement sur le taux de rentabilité : il obtient en effet, compte tenu de ses propres charges et de ses prix de vente, un taux de rentabilité inférieur à 10 %. Or, il paraît impossible de défendre ce résultat face au staff de la direction générale qui semblait déjà trouver le taux de 11,66 peu glorieux.

Du point de vue global de l'entreprise en revanche, l'opération semble intéressante puisque le taux de rentabilité s'améliore, ce qui semble aller dans le sens voulu par la direction.

	Haut de gamme	Grande distribution	Arénal
Capacité	**500 000**	**100 000**	
Ventes externes	**350 000**	**100 000**	
Ventes internes	100 000		
Charges variables unitaires	290	**15**	
Charges fixes	**50 000 000**	**1 800 000**	
Prix de vente externe	**490**	**400**	
Prix de vente interne	**329**		
CA externe	171 500 000	40 000 000	211 500 000
CA interne	32 900 000	0	32 900 000
Cession interne	0	– 32 900 000	– 32 900 000
Charges variables	130 500 000	1 500 000	132 000 000
Charges fixes	**50 000 000**	**1 800 000**	51 800 000
Résultat	23 900 000	3 800 000	27 700 000
Taux de rentabilité	11,69 %	9,50 %	13,10 %

Solution externe avec un prix d'achat de 300 euros

Le secteur haut de gamme est revenu à la situation initiale, c'est-à-dire qu'il n'utilise que 70 % de sa capacité de production. Son taux de rentabilité souffre de cette sous-activité mais peut-être Monsieur haut de gamme a-t-il le sentiment qu'il sera plus facile de justifier un taux de 11 % en argumentant à propos de la sous-capacité et de la récession du marché que dans la solution précédente.

Le secteur de la grande distribution bénéficie pleinement de ce changement de source d'approvisionnement et de la diminution du coût d'achat qui lui est liée : il affiche un taux de rentabilité excellent.

Cependant, du point de vue de l'entreprise, cette solution est un peu moins satisfaisante que la précédente parce que, sur ces bons résultats du département grande distribution, va peser la sous-activité du haut de gamme.

	Haut de gamme	Grande distribution	Arénal
Capacité	**500 000**	**100 000**	
Ventes externes	**350 000**	**100 000**	
Ventes internes	0		
Charges variables unitaires	290	300 + 15	
Charges fixes	**50 000 000**	**1 800 000**	
Prix de vente externe	**490**	**400**	
Prix de vente interne	**329**		
CA externe	171 500 000	40 000 000	211 500 000
CA interne	0	0	0

	Haut de gamme	Grande distribution	Arénal
Cession interne	0	0	0
Charges variables	101 500 000	31 500 000	133 000 000
Charges fixes	**50 000 000**	**1 800 000**	51 800 000
Résultat	20 000 000	6 700 000	26 700 000
Taux de rentabilité	11,66 %	16,75 %	12,62 %

Mais peut-être faut-il également prendre en compte, en plus des éléments financiers, des éléments commerciaux ou de politique générale. Où se situe l'intérêt d'Arénal à moyen terme ? La solution de cession interne, préférable sur le seul plan financier, ne comporte-t-elle pas une part importante de risque commercial (cannibalisation entre les produits, court-circuit possible du réseau traditionnel de distribution, dégradation de l'image de marque de l'entreprise, etc.) ? Et, dans ce cas, n'est-il pas préférable de choisir la solution externe en diminuant progressivement la capacité de production du secteur haut de gamme ?

Si la solution interne était tout de même préférée (pas de risques commerciaux et point de vue financier prépondérant), il faudrait fixer un prix de cession qui permette à chacun des deux centres de mesurer sa contribution aux résultats de l'entreprise... Peut-être en pratiquant une politique de double prix de cession : un prix de vente supérieur à 329 euros pour le centre haut de gamme et un prix d'achat interne inférieur à 329 euros pour le centre grande distribution. La différence entre les deux serait prise en charge par la direction générale de l'entreprise. Elle représente la volonté de l'entreprise de faire travailler ensemble les centres et de développer une stratégie commerciale diversifiée.

Vous trouverez des éléments de révision sur les prix de cession interne dans l'ouvrage Comptabilité de gestion, *chapitre 3, section 4.*

L'entreprise Macouria

L'entreprise Macouria est une grande société appartenant au secteur du luxe. Elle est spécialisée en haute couture mais a développé depuis plusieurs années une ligne de cosmétiques et de parfums qui lui permet d'accéder au grand public. Ces produits bénéficient en effet d'une plus large diffusion que la haute couture mais ils se distinguent de leurs concurrents en cultivant un sentiment de rareté auprès des consommateurs, lié à la renommée de Macouria.

Le secteur du luxe a connu, au cours des dernières années, une période difficile due aux récessions économiques qui ont frappé les différents marchés (européen, américain et asiatique). Malgré cela, les entreprises leader du secteur ont su s'adapter et maintenir leurs grands axes stratégiques : importance de la création et de la communication, maîtrise de la qualité de la production et des réseaux de distribution.

Cette résistance à la morosité des marchés est liée à la conjonction de plusieurs phénomènes :

– des structures financières solides avec des excédents de cash-flow très importants ;

– la pratique de politiques de prix élevés qui permettent de générer des marges confortables ;

– la possibilité de procéder à des augmentations de prix (par exemple pour compenser des variations de devises) sans entraîner pour autant un impact négatif sur la demande.

Recruté(e) comme stagiaire chez Macouria, alors que le résultat de l'année est en croissance par rapport à celui de l'année précédente, vous choisissez d'établir un compte de surplus pour en analyser les différents facteurs. Qu'apprenez-vous du tableau de répartition suivant ?

Emplois		Ressources	
Personnel	76	Surplus de productivité	680
Banque	146	Clients	23
Entreprise	70	Fournisseurs	50
État	201		
Actionnaires	260		
Total (en k€)	**753**	**Total (en k€)**	**753**

Éléments de corrigé

L'entreprise Macouria dégage un surplus de productivité globale de 680 qui traduit le fait que l'augmentation en volume des différents produits a été plus importante que l'augmentation du volume des facteurs consommés. Macouria a donc amélioré sa productivité au cours de l'année précédente. À cette amélioration de la productivité s'ajoutent deux types d'apports :

– l'un, en provenance des clients, qui traduit l'augmentation des prix de vente. La très faible importance de cet apport indique que Macouria n'a pratiquement pas augmenté ses prix de vente au cours de l'année. Il peut s'agir d'une stratégie délibérée de la part de l'entreprise mais celle-ci ne doit pas oublier que le facteur prix est l'un de ceux sur lesquels elle peut le plus facilement jouer si elle a besoin d'augmenter ses ressources ;

– l'autre, en provenance des fournisseurs, qui traduit une diminution des prix d'achat. Cet élément doit attirer notre attention puisque la qualité est une composante fondamentale des produits de luxe et que c'est elle qui justifie en grande partie le niveau élevé des prix. Dès lors, la politique d'achat doit être concentrée sur la qualité des matières premières (si la production est intégrée) ou des produits (si la production est sous-traitée) et non pas sur les coûts d'achat. Il faut donc s'assurer que cette diminution des prix des fournisseurs ne correspond pas à une diminution de la qualité.

Ces ressources sont réparties en faveur des actionnaires (35 %), de l'État (27 %), de la banque (19 %), des salariés (10 %) et de l'entreprise elle-même (9 %). Ceci appelle quelques commentaires :

- Macouria ne s'est réservé qu'une fraction infime de la distribution des richesses. Or, trois domaines dont la performance est essentielle pour la réussite de l'entreprise sont fortement consommateurs de richesses : tout d'abord la maîtrise du réseau de distribution, qui suppose que les entreprises développent des magasins en propre et rachètent des magasins jusque-là franchisés ; ensuite l'investissement dans la création qui permet la dynamique de la marque ; enfin, l'importance des budgets de communication (communication produits et communication institutionnelle) essentiels au maintien de l'image de marque. En ne s'allouant que 9 % des richesses, Macouria s'interdit de développer ces trois domaines et risque donc à terme de perdre sa situation concurrentielle. L'augmentation très importante de dividendes accordée aux actionnaires est probablement excessive et il serait peut-être plus pertinent d'en consacrer une partie à des investissements internes (les actionnaires seront d'ailleurs vraisemblablement plus satisfaits d'être partie prenante dans une société qui se développe plutôt que dans une société qui distribue de gros dividendes mais qui s'appauvrit).

- Il semble également curieux que 19 % des ressources soient captés par la banque alors que, de par son activité, Macouria bénéficie de structures financières extrêmement solides avec des excédents de cash-flow très importants. Cela signifie que des variations conjoncturelles importantes existent et que la gestion de la trésorerie est peut-être négligée : on peut penser que des déficits ponctuels de trésorerie ont été financés par des concours bancaires très coûteux alors que les excédents de trésorerie n'ont pas été placés.

- Les 27 % distribués à l'État constituent une augmentation des prélèvements obligatoires : l'entreprise ne peut agir sur ce phénomène... sauf à s'assurer que ses fiscalistes sont suffisamment compétents et informés.

- Enfin, 10 % des richesses ont été distribués aux salariés sous la forme d'une augmentation de salaires. Cette information n'aura de signification qu'après avoir été examinée avec le DRH pour cerner les facteurs de motivation du personnel. Le facteur humain est effectivement très important dans ce secteur (savoir-faire) où, de plus, les coûts de formation peuvent être très élevés, d'où l'importance accordée à la motivation du personnel.

Vous trouverez des éléments de révision sur le surplus de productivité globale dans l'ouvrage Comptabilité de gestion, *chapitre 3, section 5.*

La SA Busi

La société anonyme Busi est une imprimerie qui réalise deux types d'activités :

- l'activité « continu » qui fournit les imprimés informatiques ;
- l'activité « à plat » qui fournit les imprimés administratifs et commerciaux.

La direction de l'imprimerie sait qu'à plus ou moins long terme, l'activité « continu » perdra son attrait car les imprimantes à aiguilles utilisées par les clients sont, de plus en plus, remplacées par des imprimantes laser feuille à feuille. C'est pourquoi la politique suivie depuis deux ans est une politique de diversification.

Une analyse de surplus de productivité globale a déjà été effectuée pour l'année N – 1. Le responsable, monsieur Tonitra, vous demande :

- de présenter en quelques lignes à la direction de la société Busi en quoi consiste l'analyse du surplus de productivité globale et sa répartition ;
- de montrer son intérêt pour la gestion d'une entreprise ;
- de commenter les données de l'année N – 1.

Formation du surplus de productivité globale de N – 1

1. Supplément de volume de production.

Production « continu »	(215 – 245) × 110,80	=	– 3 324
Production « à plat »	(30 – 26) × 690	=	2 760
Production stockée	$\frac{(2\ 360 + 178) \times 89{,}80}{1\ 000}$	=	228
Total			– 336

2. Supplément de facteurs de production consommés

Consommations matières	(2 470 – 2 350) × 7,70	=	924
Crédit-bail	(14 063 – 8 524) × 0,185	=	1 025
Services liés à l'activité	5 815 × 0,4246	=	2 469
Impôts et taxes	(4 924 – 4 356) × 0,191	=	108
Salaires « continu »	$\frac{(47\ 500 - 45\ 000) \times 66{,}67}{1\ 000}$	=	167
Salaires « à plat »	$\frac{(80\ 000 - 54\ 000) \times 49{,}38}{1\ 000}$	=	1 259
Salaires administrations	$\frac{(44\ 000 - 42\ 000) \times 116{,}76}{1\ 000}$	=	234
Charges sociales	(11 778 – 10 595) × 0,39	=	461
Amortissements	(11 982 – 16 469) × 0,147	=	222
Charges financières	(6 571 – 7 461) × 0,102	=	– 91
Impôt sur les sociétés	– 1 000 × 0,45	=	– 450
Total			– 6 328
Surplus négatif			– 6 664

Répartition du surplus de productivité globale de N – 1

Surplus négatif	6 664	Avantages cédés	
Avantages obtenus		Clients	
		– « continu »	3 913
		– « à plat »	1 449
Organismes de crédit-bail	1 477	Production stockée	29
État		Fournisseurs	
– impôts et taxes	30	– matières	1 482
– impôts sur les sociétés	0	– autres services	66

Personnel administratif	271	Personnel	
Organismes sociaux	353	– « continu »	73
Organismes financiers	20	– « à plat »	674
		Entreprise (amortissement)	647
		Variation du résultat	482
	8 815		8 815

À partir des informations complémentaires suivantes, calculez le surplus de productivité globale de l'année N, établissez le tableau de répartition du surplus pour cette même année et commentez les résultats obtenus.

(Arrondir les calculs au millier le plus proche.)

	N – 1	N
Production « continu »		
– quantité en milliers d'imprimés	215	216
– prix pour le mille	129	132,5
Production « à plat »		
– quantité en milliers d'imprimés	30	31
– prix pour le mille	738,3	775
Production stockée		
– quantité	2 360	– 7 600
– prix	102,12	106,05
Consommation de matières		
– quantité (en tonnes)	2 470	1 940
– prix au kilogramme	7,1	8,7
Crédit-bail		
– assiette en milliers	14 063	16 070
– taux en %	29	26
Services liés à l'activité		
– valeur absolue	8 218	8 596
– augmentation en volume (%)		0,1
– prix	8 000	
Salaires « continu » :		
– effectifs	23	23
– nombre d'heures travaillées	47 500	49 000
– coût horaire	65,14	45,41
Salaires « à plat »		
– effectifs	39	42
– nombre d'heures travaillées	80 000	89 500
– coût horaire	40,95	45,12

	N-1	N
Salaires administrations		
– effectifs	24	25
– nombre d'heures travaillées	44 000	46 000
– coût horaire	122,91	129,41
Charges sociales		
– volume (montant des salaires)	11 778	12 216
– taux %	42	43
Amortissements		
– immobilisations (en milliers)	17 982	23 866
– taux %	11,1	11,2
Charges financières		
– emprunt en cours (en milliers)	6 571	10 244
– taux moyen %	10,5	9
Impôt sur les sociétés		
– résultat fiscal	0	259
– taux %	42	39
Impôts et taxes		
– base (en milliers)	4 924	5 458
– taux %	19,7	19,2

(D'après sujet d'examen.)

Éléments de corrigé

Les éléments en gras sont issus de l'énoncé. Tous les autres éléments sont calculés.

La méthode du surplus de productivité globale (SPG) permet de mesurer les gains de productivité dégagés par une entreprise au cours d'un exercice, de mettre en évidence les facteurs explicatifs de ces gains de productivité et d'analyser l'utilisation qui en a été faite.

L'analyse du SPG de N – 1 montre une forte perte de productivité de l'année N – 1 par rapport à l'année N – 2. Cette perte est essentiellement due à une très grosse augmentation des facteurs consommés et plus particulièrement des services liés à l'activité, des salaires de la production « à plat » et du crédit-bail.

L'analyse de la répartition de ce SPG montre qu'à cette perte de productivité s'est ajoutée une forte hausse du coût du crédit-bail. La conjugaison de ces deux éléments est supportée par l'entreprise et ses partenaires :

– les clients (augmentation des prix de vente) et les fournisseurs (diminution des prix d'achat) supportent une part importante de cette dégradation ;

– le personnel de la production « à plat » subit une forte diminution de son taux de rémunération horaire ;

– enfin, l'entreprise elle-même assume une partie de cette dégradation de sa productivité par la diminution de son résultat comptable.

Calcul du surplus de productivité globale de N

	Quantité N	Quantité N – 1	Prix N – 1	Variation de volume (k€)
Production « continu »	**216**	**215**	**129**	129
Production « à plat »	**31**	**30**	**738,3**	738
Production stockée	**- 7 600**	**2 360**	**102,12**	– 1 017
Total				*– 150*

	Quantité N	Quantité N – 1	Prix N – 1	Variation de volume (k€)
Consommation de matières	**1 940**	**2 470**	**7,1**	– 3 763
Crédit-bail	**16 070**	**14 063**	**0,29**	582
Services liés à l'activité (1)			**8 000**	8
Salaires « continu »	**49 000**	**47 500**	**65,14**	98
Salaires « à plat »	**89 500**	**80 000**	**40,95**	389
Salaires administrations	**46 000**	**44 000**	**122,91**	246
Charges sociales	**12 216**	**11 778**	**0,42**	184
Amortissements	**23 866**	**17 982**	**0,111**	653
Charges financières	**10 244**	**6 571**	**0,105**	386
Impôt sur les sociétés	**259**	**0**	**0,42**	109
Impôts et taxes	**5 458**	**4 924**	**0,197**	105
Total				*– 1 004*
SPG de l'année N				*854*

(1) Augmentation de volume des services liés à l'activité = 0,10 % entre N – 1 et N.

La situation s'améliore en N puisque le SPG devient positif. C'est essentiellement dû à une diminution des facteurs consommés et, plus particulièrement, à une diminution notable de la consommation des matières.

Analyse du surplus de productivité globale de N

	Prix N	Prix N – 1	Quantité N	Variation de prix (k€)
Production « continu »	**132,5**	**129**	**216**	756
Production « à plat »	**775**	**738,3**	**31**	1 138
Production stockée	**106,05**	**102,12**	**- 7 600**	– 30
Total				*1 864*

	Prix N	Prix N – 1	Quantité N	Variation de prix (k€)
Consommation de matières	**8,70**	**7,10**	**1 940**	3 104
Crédit-bail	**26**	**29**	**16 070**	– 482
Services liés à l'activité (2)				370
Salaires « continu »	**45,41**	**65,14**	**49 000**	– 967
Salaires « à plat »	**45,12**	**40,95**	**89 500**	373
Salaires administrations	**129,41**	**122,91**	**46 000**	299
Charges sociales	**43**	**42**	**12 216**	122
Amortissements	**11,20**	**11,10**	**23 866**	24
Charges financières	**9**	**10,50**	**10 244**	– 154
Impôt sur les sociétés	**39**	**42**	**259**	– 8
Impôts et taxes	**19,20**	**19,70**	**5 458**	– 27
Total				*2 655*
Total				*– 791*

(2) Variation des services liés à l'activité entre N – 1 et N : 378 (8 596 – 8 218) dont 8 liés à la variation de volume (*cf.* tableau de calcul du SPG), d'où variation de prix : 370.

Avantages obtenus		SPG	854
Production stockée	30	Avantages cédés	
Fournisseurs		Clients	
– matières	3 104	– « continu »	756
– autres services	370	– « à plat »	1 138
Personnel		Organismes de crédit-bail	482
– « à plat »	373	Personnel « continu »	967
– administratif	299	Organismes financiers	154
Organismes sociaux	122	État	
Entreprise (amortissement)	24	– impôts et taxes	8
Variation du résultat	63	– impôt sur les sociétés	27
	4 385		4 385

S'ajoutent à ce gain de productivité des avantages consentis en premier lieu par les clients (augmentation des prix de vente) et le personnel de la production en continu (diminution du taux de rémunération horaire), ce qui permet à l'entreprise d'augmenter son résultat de 63 malgré une hausse notable des prix d'achat des matières.

L'entreprise améliore fortement sa situation par rapport à celle de l'année précédente, il semble qu'elle ait à présent absorbé et stabilisé la chute de la production en « continu ».

Elle a opéré un choix qui s'est révélé judicieux : acheter une matière première plus chère mais dont la qualité supérieure permet de consommer de moindres quantités.

Elle a stabilisé les gros dérapages liés au crédit-bail.

Il semble en fait que la situation très défavorable observée en N – 1 était uniquement conjoncturelle et liée à la mutation de l'activité. La reconversion opérée en N – 1 est immédiatement stabilisée en N et il ne reste plus qu'à conforter cette diversification en renouant avec les bénéfices dans les années futures.

Vous trouverez des éléments de révision sur le surplus de productivité globale dans l'ouvrage Comptabilité de gestion, *chapitre 3, section 5.*

Les nouveaux hôtels

La chaîne hôtelière « Les nouveaux hôtels » a confié le nettoyage de ses hôtels et de ses chambres à une société de nettoyage industriel. Cette décision a été motivée par des raisons de coûts puisque, en sous-traitant cette fonction, une réduction de 20 % des coûts de nettoyage a été obtenue immédiatement. Pourtant, après un an de sous-traitance, la chaîne hôtelière a décidé de rompre son contrat de sous-traitance et de revenir à l'ancien système, c'est-à-dire à un nettoyage réalisé par des salariés des hôtels. Les responsables interrogés sur les motifs de ce revirement ont expliqué qu'ils n'avaient pas pris en compte les coûts cachés liés à la sous-traitance.

En rappelant, dans un premier temps, la signification et les principes des coûts cachés, vous chercherez à expliquer de façon concrète ce qu'ont voulu dire les responsables de la chaîne.

Éléments de corrigé

Les choix « externalisation / intégration » sont des choix stratégiques qui engagent l'entreprise tout entière. Pourtant, les réponses apportées tournent presque toujours dans un premier temps autour des problématiques de coûts et de rentabilité à court terme. Les tâches peu qualifiées, comme le nettoyage des chambres dans un hôtel, sont les premières touchées par la sous-traitance. Sur le plan des coûts « visibles » et à court terme, l'entreprise est souvent gagnante. C'est le cas de la chaîne « Les nouveaux hôtels » qui a obtenu une réduction de 20 % de ses coûts de nettoyage en sous-traitant cette fonction, ce qui signifie que les coûts induits par le recours au marché (recherche du partenaire, établissement du contrat, suivi, contrôle, etc.) sont plus avantageux que les coûts de coordination interne.

L'analyse peut cependant être poussée plus loin en ne se contentant plus d'enregistrer les seuls coûts visibles mais en s'efforçant de mettre en évidence les coûts cachés liés à cette externalisation.

L'origine de la découverte et des méthodes de mise en évidence des coûts cachés est due à Henri Savall et à l'Institut socio-économique des entreprises et des organisations qui chiffrent les dysfonctionnements pouvant perturber la vie de l'entreprise. Il en résulte des actions de régulation qui engendrent des coûts cachés. Ceux-ci peuvent être soit des coûts supplémentaires liés à la mise en œuvre des actions de régulation, soit des pertes de production (absence d'activité entraînée par un dysfonctionnement), soit encore des pertes de création de potentiel (coût caché stratégique).

Dans le cas des « Nouveaux hôtels », on peut imaginer que cette décision de sous-traitance a eu des répercussions directes sur la qualité du nettoyage et également sur la qualité des relations avec les clients.

- Le comportement des femmes de chambres extérieures à la chaîne peut être moins attentionné avec les clients, d'où le sentiment chez ces derniers d'un accueil négligé.

- Le personnel extérieur risque d'être moins motivé dans son travail que les salariés de la chaîne ; s'y ajoutent des difficultés relationnelles avec les salariés des hôtels (création d'une double population de travailleurs avec des salaires différents, des avantages sociaux différents, des gestions de carrière différentes, etc.).

• La première conséquence de ces éléments sera vraisemblablement une propreté peu satisfaisante, ce qui est inacceptable pour une chaîne hôtelière.

L'erreur de la chaîne est de n'avoir pas pensé que le nettoyage faisait partie de son cœur de métier.

Cela signifie que la chaîne des « Nouveaux hôtels » a externalisé une fonction essentielle à la maîtrise de son métier, d'où des coûts cachés sous la forme d'augmentation de coûts (suivi de la prestation, contrôle de la qualité, relance du prestataire, etc.) mais aussi sous la forme de coûts d'opportunité (manque à gagner lié à la perte d'image de marque dans l'esprit des clients).

Vous trouverez des éléments de révision sur les coûts cachés dans l'ouvrage Comptabilité de gestion, *chapitre 3, section 6, paragraphe 1, ainsi que dans l'ouvrage de Henri Savall et Véronique Zardet,* Maîtriser les coûts et les performances cachés.

L'entreprise Tha Pae

L'entreprise Tha Pae vous a chargé de réaliser un diagnostic des dysfonctionnements que vous pourrez observer dans son organisation. À l'issue d'une période d'observation et de prise de renseignements d'un mois, vous remettez le document suivant :

Dysfonctionnements observés au cours du mois de septembre N

• La réduction d'effectif décidée pour les équipes de travail de nuit (passage de 20 salariés à 19), qui avait permis de diminuer les charges salariales mensuelles de 7 000 euros, génère, semble-t-il, des absences supplémentaires qui seraient liées, selon le responsable des équipes de nuit, à la surcharge de travail.

• Des pannes de machine ont eu de multiples conséquences :
- une réduction de la production correspondant à un chiffre d'affaires de 10 000 000 d'euros ;
- une rupture de stocks qui a entraîné la non-livraison d'une commande de 25 000 euros d'un nouveau client, et un retard de livraison chez le client principal. À l'heure actuelle nous n'avons pas de confirmation de commande de notre nouveau client, et le retard de livraison chez notre principal client entraîne une pénalité de 3 000 euros ;
- un coût de consommation de pièces détachées de 60 par pièce consommée au lieu de 55 (coût prévisionnel) pour accélérer les livraisons et rattraper la production défaillante.

• Sur le plan administratif :
- Une facture émise pour un mauvais montant a entraîné une contestation du client concerné et donc un retard de paiement d'un mois.
- La transmission tardive d'un document au Trésor public a entraîné une amende de 300 euros.
- La forte rotation des agents aux caisses oblige les agents de maîtrise à devoir contrôler chaque jour les sous-caisses effectuées par les agents.

Est-il possible de chiffrer les coûts engendrés par ces dysfonctionnements et défaillances ?

Éléments de corrigé

Les coûts de ces dysfonctionnements doivent faire l'objet d'une évaluation financière afin de faire face dans un premier temps à ceux qui sont les plus coûteux pour l'entreprise, mais cette évaluation est très inégalement difficile.

Nous pouvons chiffrer, tout d'abord, les charges supplémentaires engendrées par les dysfonctionnements et les actions de régulation qui en résultent, mais il faudra ajouter à ceux-ci l'ensemble des coûts « invisibles » et des pertes d'opportunités liées aux dysfonctionnements.

Pour les éléments soumis à votre appréciation :

● La réduction d'effectif décidée pour les équipes de travail de nuit a permis des diminutions de coûts visibles mais elle engendre des coûts cachés qui peuvent être bien supérieurs à ces coûts visibles :

– rémunération des intérimaires recrutés pour remplacer les absents,

– et/ou sursalaires si le chef d'équipe remplace les absents,

– et/ou désorganisation de l'équipe liée aux absences,

– et/ou coûts d'opportunité résultant d'une diminution de la production.

● Les pannes de machine ont engendré à la fois des coûts visibles et des coûts cachés :

– La réduction de la production correspondant à un chiffre d'affaires de 10 000 000 d'euros constitue un manque à gagner.

– La rupture de stocks constitue un manque à gagner de 25 000 euros pour la commande du nouveau client si nous avons perdu définitivement celui-ci, et un coût supplémentaire de pénalité de 3 000 euros pour la commande de notre client principal. Mais il faut sans doute aller plus loin dans le raisonnement : quelles sont les conséquences en termes de préjudices commerciaux ? de dégradation de l'image de l'entreprise ?

– Le coût de consommation des pièces détachées entraîne un coût induit supplémentaire de cinq euros par unité consommée.

● Sur le plan administratif :

– La facture émise pour un mauvais montant génère un coût de trésorerie (un mois d'attente de cet encaissement) ainsi qu'un coût administratif lié au traitement de la réclamation du client, à la vérification des éléments en cause, à l'émission d'une nouvelle facture.

– La transmission tardive d'un document au Trésor public entraîne un coût induit supplémentaire de 300 euros.

– La forte rotation des agents aux caisses entraîne un coût lié aux temps de contrôle supplémentaires effectués par les agents de maîtrise.

Deux étapes doivent donc se succéder : 1. identifier les coûts cachés potentiels. 2. les évaluer. Cette évaluation a pour objectif essentiel de faire prendre conscience à l'entreprise de son gisement de ressources potentielles. On ne vise donc pas ici un calcul de coûts extrêmement précis, qui nécessiterait la mise en place d'un système d'information très détaillé – et donc coûteux –, mais plutôt l'établissement d'ordres de grandeur.

Vous trouverez des éléments de révision sur les coûts cachés dans l'ouvrage Comptabilité de gestion, *chapitre 3, section 6, paragraphe 1, ainsi que dans l'ouvrage de Henri Savall et Véronique Zardet,* Maîtriser les coûts et les performances cachés.

CHAPITRE IV

Rôle de l'environnement socio-économique

Si l'on parle de *systèmes* de contrôle de gestion, c'est pour souligner qu'il n'existe pas un seul type de contrôle de gestion (le *one best way* du contrôle) mais une multitude, dont la pertinence tient à leur adéquation avec l'environnement socio-économique dans lequel ils prennent place et avec les caractéristiques de l'organisation qu'ils doivent permettre de piloter. C'est la question de la contingence des systèmes de contrôle de gestion qui est évoquée ici. Nous l'illustrerons à l'aide d'exemples d'organisations qui posent de nouvelles questions au contrôle de gestion : organisations publiques, banques, PME, cabinets d'expertise comptable, etc.

Les exercices vous permettent de vérifier vos connaissances théoriques sur les sujets abordés et de maîtriser les points essentiels de ce chapitre.

Le musée de Struwel vous conduit à réfléchir sur le système d'information de gestion d'une organisation culturelle.

Avec *la banque BIC*, vous transposez des outils « classiques » de contrôle de gestion dans un environnement bancaire.

L'entreprise GPME vous montre le développement de calculs de coûts dans une petite entreprise et les limites de ces outils.

Le cabinet FSEC vous amène à rechercher des voies de transposition pertinentes des systèmes de contrôle budgétaire.

L'entreprise en réseau et *la société Kho Tzo* posent la question des systèmes d'information et de contrôle dans les entreprises en réseau.

APPLICATIONS

Le musée de Struwel

Struwel est une ville de 800 000 habitants possédant un patrimoine architectural et artistique tel qu'elle tire l'essentiel de ses ressources de la fréquentation touristique. Le musée municipal, fondé en 1890, a acquis un rayonnement et une importance qui en ont fait le principal attrait de cette ville.

Depuis quelques années, cependant, la ville souffre d'un endettement important et a des difficultés à équilibrer son budget. Parallèlement, le musée connaît également des difficultés financières importantes depuis 4 ou 5 ans liées principalement aux nouvelles attentes du public, avide de manifestations toujours plus prestigieuses.

Vous êtes chargé(e) par le directeur et conservateur en chef du musée de rencontrer les différentes parties prenantes du dossier. Il attend de vous que vous l'aidiez à préparer la réunion du conseil du musée consacrée au budget. Le directeur est en effet persuadé que si des arguments convaincants étaient présentés aux élus sur une meilleure façon de gérer et de contrôler la gestion du musée, ceux-ci seraient prêts à voter les financements publics permettant de poursuivre l'activité.

Le maire de Struwel

« Il est évident que le musée contribue de façon importante au rayonnement de la ville et à son activité touristique. Mais il est également vrai que les nouveaux parcs d'attractions semblent... attractifs ! Les jeunes sont demandeurs d'activités sportives et les touristes plus âgés, avec un pouvoir d'achat élevé (notre clientèle privilégiée), sont plutôt attirés par des voyages lointains et exotiques. Quant aux touristes japonais, ils ne restent souvent que quelques heures à Struwel et ne font donc que très peu travailler les hôteliers, restaurateurs et commerçants de la ville. Les élus veulent donc pouvoir identifier un retour sur investissement quand ils financent le musée. À défaut, la subvention risque de diminuer très rapidement. »

Le directeur du musée

« En ma qualité de responsable de cette institution, je suis garant de ses missions mais également de son équilibre financier. J'attire votre attention sur la difficulté de la situation : il ne faut à aucun prix amorcer un cercle vicieux avec des diminutions de budget qui entraîneraient des réductions de prestations causant une baisse des recettes qui aggraverait le déficit budgétaire et, plus grave, qui nuirait à la réputation de qualité du musée et serait de ce fait préjudiciable à chacun d'entre nous. »

Le directeur des affaires générales du musée

« Les choses sont rendues complexes par la multiplicité des missions du musée : on lui demande toujours plus mais on oublie d'augmenter les moyens en conséquence. Aux activités traditionnelles de conservation et de diffusion du patrimoine artistique se sont ajoutées des activités de recherche, de formation, de publication, d'animation, sans compter des activités commerciales comme la librairie ou la cafétéria... Or on ne sait pas d'où vient le déficit ! Mon projet est simple : il faut diminuer les charges et pour cela se séparer d'une partie du personnel. La forte saisonnalité que connaît la fréquentation pourrait donner lieu à des embauches temporaires qui viendraient compléter un effectif permanent réduit pour faire face aux pics d'activité des mois d'avril, mai, juin, juillet, août et septembre. »

Le directeur du personnel

« Le projet présenté par le directeur des affaires générales fait porter le poids des économies par le personnel. Mais nous n'avons pas de personnel en trop, bien au contraire. En pleine saison nous sommes obligés de maintenir les jours de fermeture du musée car le personnel présent ne nous permet pas d'ouvrir tous les jours du matin au soir, comme le voudraient les touristes. J'ajouterai par ailleurs que notre musée est centenaire et je n'apprendrai rien à un spécialiste de la gestion sur l'importance de la culture d'entreprise dans ce type d'institution. Sous prétexte d'économies peut-on remplacer des titulaires à haut niveau de qualification et très attachés à certaines valeurs par des « petits boulots » temporaires et ponctuels ? Enfin, nous ne sommes pas un parc de loisirs ! D'ailleurs, en parlant de parc de loisirs, je voudrais savoir si l'un d'entre nous a pensé à examiner la question des prix : le parc RêvesLand qui a ouvert l'an dernier affiche des tarifs trois fois supérieurs aux nôtres et ne désemplit pas. Si nous n'augmentons pas nos tarifs, nous risquons de passer à côté d'une belle opportunité et, en plus, je crains que dans l'esprit du public, l'image de marque du musée soit dévalorisée : « Si c'est si peu cher, c'est que ce doit être beaucoup moins bien que le parc RêvesLand ».

Le directeur des publics

« Je vous arrête tout de suite, cher ami. Nous remplissons une mission de service public. Un musée n'est pas seulement un lieu de distraction pour ceux qui en ont les moyens, il est là pour former le goût, faire découvrir, pousser à la réflexion et non seulement pour plaire. Il a aussi un rôle social en étant accessible à tous : on ne peut quand même pas faire varier le droit d'entrée en fonction du revenu des visiteurs et leur demander leur feuille d'impôt à la caisse. Quant aux conférences, visites ou rencontres que nous organisons régulièrement avec les scolaires ou les étudiants, elles ont toujours été réalisées gratuitement – ou pour un prix symbolique – et nous aurions beaucoup de difficultés à faire admettre qu'il en soit autrement. Nous avons des relations très fortes avec l'université : échange de services, cours partagés, recherche commune, etc. Imaginez un instant qu'il faille à présent, chaque fois que nous rendons service à un collègue, en prendre note et lui envoyer la facture. Je vous laisse imaginer l'ambiance ! Le musée a été géré jusqu'à présent avec, si j'ose dire, un empirisme seul compatible avec ce type d'activités. »

Éléments de corrigé

Il faut sortir le musée d'une logique de liquidation en rassurant les bailleurs de fonds (les élus) grâce à la mise en place d'outils de gestion. Il est évident qu'il ne s'agit pas de ramener la subvention à zéro mais de légitimer le principe même de cette subvention en donnant une certaine transparence à l'emploi qui en est fait et garantir ainsi son utilisation optimale par rapport aux missions du musée (garantie de non-gaspillage).

Lorsque le maire de la ville parle de « retour sur investissement », il ne faut pas nécessairement retenir la définition financière de cette expression. Cela veut certainement plutôt dire qu'il attend des retombées politiques pour les élus, notamment en terme d'indice de satisfaction de la population (qui est à la fois contribuable et électrice).

On ne doit pas, ici, faire de proposition de plan stratégique pour le musée mais se limiter aux aspects méthodologiques du contrôle de gestion sans tomber dans une sorte de fascination par rapport aux instruments. Un outil d'information de gestion souple, comportant quelques indicateurs significatifs associés à des seuils d'alerte, peut constituer une base de travail pertinente pour la réunion du conseil et pour le suivi ultérieur des activités du musée. On proposera donc l'élaboration d'un tableau de bord de gestion qui devra intégrer une rationalité doublement conditionnée : logique sociale de l'action politique et logique micro-économique de son activité. Il comportera par conséquent des indicateurs de suivi autorisant la mesure des performances du musée en fonction de ses préoccupations (rayonnement du musée, analyse des activités spécifiques, fonctionnement, etc.), mais également des indicateurs susceptibles de justifier la continuité des investissements de fonds publics (sauvegarde d'éléments du patrimoine national, impact économique et social sur la ville, satisfaction de la population, etc.).

Le tableau de bord devra conduire à une clarification des missions du musée qui se sont multipliées de façon spontanée et selon une logique purement interne. Il faudra distinguer l'efficience des services (utilisation optimale des ressources) de leur efficacité (contribution à la réalisation des objectifs du musée). Pourquoi ne pas s'inspirer d'une démarche de type « analyse de la valeur » (celle-ci devant être entendue par rapport à chaque grande mission du musée et non du seul point de vue des visiteurs) ?

Il serait également intéressant de faire ressortir les effets redistributifs : qui subventionne qui ? Quel public subventionne-t-on ? Quelles activités subventionnent quelles activités ? Il faudra donc disposer de sources d'informations telles qu'une comptabilité de gestion, des prix de cession interne, des enquêtes sur le public, etc.

Une distinction forte devra être opérée entre les activités fondatrices pour lesquelles on peut plaider un subventionnement à 100 % (coût de possession des collections, restauration des œuvres d'art et recherche, etc.) et les activités commerciales qui doivent faire l'objet d'une analyse de rentabilité (cafétéria, librairie, publications, etc.) et donner lieu à la production d'indicateurs de couverture des charges de structure du musée. Il sera alors possible, pour ces dernières activités, de raisonner sur des coûts et des gains marginaux et de répondre ainsi à des questions du type : « Est-il rentable de proposer un service de banquets en soirée dans la cafétéria ? », « Est-il rentable d'ouvrir un espace commercial à l'extérieur du musée pour échapper aux contraintes de fermeture de celui-ci ? », etc.

La mise en place de prix de cession interne peut conduire à facturer des prestations rendues à l'université, aux écoles ou aux lycées. Mais il faut voir si le jeu en vaut la chandelle : les conflits que cela peut créer ne risquent-ils pas de coûter plus qu'ils ne rapporteront ?

La démarche du tableau de bord et des outils qu'il entraîne dans son sillage a toutefois des limites. Les objectifs sont extrêmement complexes dans une organisation publique comme un musée, ils sont difficilement quantifiables et étroitement reliés les uns aux autres, ce qui ne rend pas la démarche analytique particulièrement facile. Par ailleurs, la bureaucratie professionnelle forte qui amène l'ensemble du personnel culturel à attacher plus d'importance au jugement porté par ses pairs qu'à la volonté d'une hiérarchie n'est pas non plus un contexte favorable à l'implantation d'un contrôle de gestion.

Vous trouverez des éléments de révision sur le contrôle de gestion dans les organisations publiques dans l'ouvrage Comptabilité de gestion, *chapitre 4, section 1.*

La banque BIC

La banque BIC présente les états financiers suivants pour les deux derniers exercices comptables ; les bilans peuvent être considérés comme représentatifs de ses capitaux moyens au cours de chacune des deux années.

Bilans résumés

ACTIF	31/12/N	31/12/N + 1	PASSIF	31/12/N	31/12/N + 1
Interbancaire	100	150	Dépôts à vue	1 000	1 200
Crédits à court terme	800	900	Dépôts à terme	600	600
Crédits à long terme	700	800	Comptes sur livret	200	300
Comptes débiteurs	300	400	Fonds propres	200	250
Immobilisations	100	100			
TOTAL emplois	2 000	2 350	**TOTAL ressources**	2 000	2 350

Comptes de résultat résumés

CHARGES	N	N + 1	PRODUITS	N	N + 1
Intérêts payés			**Intérêts perçus**		
Dépôts à terme	33	27	Interbancaire	5	6
Comptes sur livret	6	9	Crédits à court terme	64	63
Frais généraux	103	110	Crédits à long terme	49	52
Provisions	10	12	Comptes débiteurs	27	32
Impôt sur les bénéfices	8	9	**Commissions**	**35**	**37**
Résultat	20	23			
TOTAL emplois	180	190	**TOTAL ressources**	180	190

1. Présenter un tableau comparatif des comptes de résultat de N et N + 1 faisant ressortir le produit net bancaire et les autres soldes intermédiaires de gestion bancaires.

2. Analyser l'évolution de la marge d'intermédiation (solde des intérêts perçus et payés) :

2.1. par la technique volume (capitaux) et prix (taux) ;

2.2. par la technique permettant de faire ressortir les effets du volume global, de la structure et du niveau général des taux, sur les ressources et les emplois.

3. Commenter.

Éléments de corrigé

1. Tableau des soldes intermédiaires de gestion bancaires

Soldes intermédiaires de gestion	N	N + 1	Variation	%
Marge d'intermédiation	106	117	11	10,38 %
Commissions	35	37	2	5,71 %
Produit net bancaire	**141**	**154**	**13**	**9,22 %**
Frais généraux	– 103	– 110	– 7	6,80 %
Résultat brut d'exploitation	**38**	**44**	**6**	**15,79 %**
Provisions	– 10	– 12	– 2	20,00 %
Résultat courant	**28**	**32**	**4**	**14,29 %**
Impôt sur les bénéfices	– 8	– 9	– 1	12,50 %
Résultat net	**20**	**23**	**3**	**15,00 %**

2. Analyse de l'évolution de la marge d'intermédiation

2.1. Par la technique « volume et prix »

Cette technique consiste à transposer celle des calculs d'écarts – sur quantité et sur prix – utilisée en contrôle budgétaire. Le tableau p. 120 en donne les résultats.

2.2. Par la technique « volume global, structure et niveau général des taux »

Cette technique consiste à transposer celle utilisée pour l'analyse des marges employée en contrôle budgétaire.

Analyse du coût des ressources

Calcul du coût moyen des ressources en N et N + 1 :

Taux moyen en N : 39/1 800 = 2,17 %

Taux moyen en N + 1 : 36/2 100 = 1,71 %

Cette baisse des taux s'explique par deux causes : l'évolution des taux pour chaque ressource d'une part et l'évolution de la structure (pondération) des différentes ressources.

Pour isoler et mesurer cet effet, on peut calculer un *taux notionnel* de N + 1 en appliquant aux capitaux de N + 1 les taux de N.

	Capitaux N + 1	Taux de N	Intérêts notionnels
Dépôts à vue	1 200	0,0 %	0
Dépôts à terme	600	5,5 %	33
Comptes sur livret	300	3,0 %	9
Total	**2 100**		**42**

Le taux notionnel de N + 1 est de : 42 / 2 100 = 2,0 %.

L'évolution des taux moyens entre N et N + 1 s'analyse dès lors ainsi :

- Effet de la structure : 2,0 % – 2,17 % = – 0,17 %.
- Effet de l'évolution des taux : 1,71 % – 2,0 % = – 0,29 %.

L'évolution du coût global des ressources (– 3,0) peut alors s'analyser selon trois facteurs :

- Effet du volume : (2 100 – 1 800) × 2,17 % = 6,51.
- Effet de la structure : 2 100 × – 0,17 % = – 3,57.
- Effet de l'évolution des taux : 2 100 × – 0,29 % = – 6,09.

Le total : 6,51 – 3,57 – 6,09 = – 3,51 diffère légèrement de la baisse totale du coût des ressources (– 3), du fait des arrondis de calcul ; mais l'analyse permet de mieux comprendre les évolutions et, en particulier, l'impact de la hausse des dépôts à vue (à taux zéro) sur le coût global des ressources et donc l'économie générée.

Analyse du rendement des emplois

Calcul du rendement moyen des emplois en N et N + 1 :

Taux moyen en N : 145 / 1 900 = 7,63 %.

Taux moyen en N + 1 : 153 / 2 250 = 6,80 %.

Cette baisse des taux peut s'expliquer par deux causes : l'évolution des taux pour chaque emploi d'une part et l'évolution de la structure (pondération) des différents emplois.

Pour isoler et mesurer cet effet, on peut calculer un *taux notionnel* de N + 1 en appliquant aux capitaux de N + 1 les taux de N.

	Capitaux N + 1	Taux de N	Intérêts notionnels
Interbancaire	150	5,0 %	7,5
Crédits à court terme	900	8,0 %	72
Crédits à long terme	800	7,0 %	56
Comptes débiteurs	400	9,0 %	36
Total	**2 250**		**171,5**

Le taux notionnel de N + 1 est de : 171,5 / 2 250 = 7,62 %.

L'évolution des taux moyens entre N et N + 1 s'analyse dès lors ainsi :

- Effet de la structure : 7,62 % – 7,63 % = – 0,01 %.
- Effet de l'évolution des taux : 6,80 % – 7,62 % = – 0,82 %.

L'évolution du rendement global des emplois (+ 8,0) peut alors s'analyser selon trois facteurs :

- Effet du volume : (2 250 – 1 900) × 7,63 % = 26,70.
- Effet de la structure : 2 250 × – 0,01 % = – 0,22.
- Effet de l'évolution des taux : 2 250 × – 0,82 % = – 18,45.

Le total : 26,7 – 0,22 – 18,45 = 8,03 diffère très légèrement de la hausse totale du rendement des emplois (8), du fait des arrondis de calcul ; mais l'analyse permet de faire ressortir que, pour ce qui concerne les emplois, la structure n'a eu qu'un effet négligeable.

3. Commentaires

- Le résultat net augmente de 15 %, ce qui est important, mais traduit cependant une baisse de la rentabilité (23 / 250 = 9,2 % en N + 1 contre 20 / 200 = 10 % en N).

- Rapportée au résultat courant, la charge de l'impôt sur les bénéfices a baissé.

- Les provisions, en revanche, ont connu une forte augmentation, qui reste toutefois alignée sur celle des crédits, principal facteur de provision dans les banques :

  – progression des provisions de 20 % ;

  – progression des crédits de (2 250 – 1 900) / 1 900 = 18,4 %.

- La bonne progression du résultat brut d'exploitation (RBE) provient d'une augmentation plus importante du produit net bancaire (PNB) que de celle des frais généraux (« effet de ciseaux » favorable).

- L'augmentation du PNB provient surtout de celle de la marge d'intermédiation.

- L'intermédiation a évolué dans un contexte d'augmentation des volumes, de baisse des taux et de modification de la structure des dépôts. En chiffres arrondis :

  – les volumes ont généré un gain de 20 (+ 26 sur les crédits, – 6 sur les dépôts) ;

  – la baisse des taux a généré une perte de 12 (– 18 sur les crédits, + 6 sur les dépôts) ;

  – la structure a généré un gain net de 3, du fait essentiellement des dépôts à vue.

Le tableau ci-dessous rend compte de l'effet sur la marge d'intermédiation de chacune des ressources et de chacun des emplois.

	Année N			Année N + 1			Analyse		
	Produits et charges	Capitaux	Taux	Produits et charges	Capitaux	Taux	Effet des volumes	Effet des taux	Total
Emplois									
Interbancaire	5	100	*5,0 %*	6	150	*4,0 %*	*2,5*	*- 1,5*	*1,0*
Crédits à court terme	64	800	*8,0 %*	63	900	*7,0 %*	*8,0*	*- 9,0*	*- 1,0*
Crédits à long terme	49	700	*7,0 %*	52	800	*6,5 %*	*7,0*	*- 4,0*	*3,0*
Comptes débiteurs	27	300	*9,0 %*	32	400	*8,0 %*	*9,0*	*- 4,0*	*5,0*
Total emplois	***145***	***1 900***	***7,63 %***	***153***	***2 250***	***6,80 %***	***26,5***	***- 18,5***	***8,0***
Ressources									
Dépôts à vue	0	1 000	0,0 %	0	1 200	*0,0 %*	*0,0*	*0,0*	*0,0*
Dépôts à terme	33	600	5,5 %	27	600	*4,5 %*	*0,0*	*- 6,0*	*- 6,0*
Comptes sur livret	6	200	3,0 %	9	300	*3,0 %*	*3,0*	*0,0*	*3,0*
Total ressources	***39***	***1 800***	***2,17 %***	***36***	***2 100***	***1,71 %***	***3,0***	***- 6,0***	***- 3,0***
Solde	***106***	***100***		***117***	***150***		***23,5***	***- 12,5***	***11,0***

Les éléments en italique sont le résultat d'un calcul, ceux en caractères normaux sont issus de l'énoncé.

Vous trouverez des éléments de révision sur le contrôle de gestion dans les banques dans l'ouvrage Comptabilité de gestion, *chapitre 4, section 2.*

L'entreprise GPME

GPME est une petite entreprise qui fabrique de la menuiserie industrielle : des portes et des fenêtres en bois. Elle travaille à la commande pour des entrepreneurs réalisant des ensembles immobiliers. La production passe par quatre phases mises en œuvre par des équipes réduites, chacune étant dirigée par un chef d'atelier : découpe des éléments, montage, pose des huisseries, emballage. Il existe deux modèles de référence, l'un pour les portes et l'autre pour les fenêtres ; chaque commande correspond soit aux modèles types, soit à un dérivé de ceux-ci. GPME ne dispose pas de véritable système de calcul des coûts et les devis ou réponses à des appels d'offre sont réalisés de façon très empirique par le chef d'entreprise. L'échec dans la réponse à certains appels d'offre sensibilise ce dernier sur la nécessité de rationaliser le calcul des coûts. Pour autant, il estime que la dimension de l'entreprise ne lui permet pas de mettre en place un bureau d'études, dont le coût serait prohibitif et qui heurterait la culture de décentralisation et de confiance en les chefs d'atelier qui constitue un point fort de l'entreprise, et qu'il souhaite, au contraire, renforcer.

Un stagiaire étudiant, chargé de proposer des solutions, a étudié le problème et, avec l'aide des chefs d'atelier, a déterminé les temps de production des modèles réalisés au cours du dernier mois ; puis, il a calculé les temps unitaires pour chacun d'entre eux. Le tableau suivant constitue le résultat de ces travaux.

Temps en minutes	PR	P1	P2	P3	FR	F1	F2
Découpe	6,23	6,92	7,66	9,78	13,39	16,07	19,44
Montage	7,54	8,44	9,65	11,69	15,76	19,30	24,05
Pose huisseries	9,45	10,30	11,53	14,46	19,94	25,23	30,15
Emballage	5,54	5,93	6,93	8,75	11,52	13,57	18,12
Total	**28,76**	**31,59**	**35,77**	**44,68**	**60,62**	**74,18**	**91,75**

PR et FR correspondent aux modèles de référence.

P1, F1, ... correspondent aux autres modèles réalisés pendant le mois.

Par ailleurs, le coût des matériaux, essentiellement du bois, est bien isolé et déterminé pour chaque commande. Les charges de l'entreprise sont en grande partie constituées des coûts de la main-d'œuvre de production dont les qualifications et salaires sont très proches dans les différents ateliers – seule la découpe dispose de machines générant des amortissements et des consommations d'énergie. Comme dans la plupart des PME, les charges de structure, non directement liées à la production, sont très légères.

Proposer un système de calcul des coûts et de contrôle de gestion pour GPME et le plan du travail à accomplir par le stagiaire pendant la suite de son stage.

Éléments de corrigé

L'entreprise GPME apparaît assez typique des PME : faibles charges de structure, travaux à la commande (quasi sous-traitance) et activité de main-d'œuvre.

Une méthode « classique » de sections serait peu pertinente : il ne s'agit pas de répartir des charges indirectes ni de calculer des coûts *ex post,* mais *ex ante* dont la matière constitue une charge directe affectée sans difficulté. Le problème réside dans l'allocation des coûts de main-d'œuvre de façon prévisionnelle.

La méthode GP, prônée par Georges Perrin, consiste à déterminer un produit type, considéré comme référence, et à évaluer toutes les autres productions comme des multiples de celui-ci qui constitue l'unité GP. On est dès lors ramené à une monoproduction, ce qui simplifie énormément le calcul des coûts, l'évaluation de la production et le contrôle de gestion.

Dans le cas de GPME, le modèle PR apparaît comme pouvant représenter l'unité GP. Le tableau des temps mesurés par le stagiaire peut être analysé par référence aux temps du modèle PR en divisant les temps observés de chaque modèle pour chaque phase par ceux correspondants de PR.

Temps observés

Temps en minutes	PR	P1	P2	P3	FR	F1	F2
Découpe	6,23	6,92	7,66	9,78	13,39	16,07	19,44
Montage	7,54	8,44	9,65	11,69	15,76	19,30	24,05
Pose huisseries	9,45	10,30	11,53	14,46	19,94	25,23	30,15
Emballage	5,54	5,93	6,93	8,75	11,52	13,57	18,12
Total	**28,76**	**31,59**	**35,77**	**44,68**	**60,62**	**74,18**	**91,75**

Indices par rapport aux temps de PR

Indices/PR	PR	P1	P2	P3	FR	F1	F2
Découpe	1	1,110	1,230	1,570	2,150	2,580	3,120
Montage	1	1,120	1,280	1,550	2,090	2,560	3,190
Pose huisseries	1	1,090	1,220	1,530	2,110	2,670	3,190
Emballage	1	1,070	1,250	1,580	2,080	2,450	3,270
Moyenne	1	1,098	1,245	1,558	2,108	2,565	3,193
Écart type		0,022	0,026	0,022	0,031	0,09	0,061

Il ressort de cette analyse que les différentes phases des sept modèles sont dans des proportions constantes (il y a homothétie) avec des écarts types faibles représentant des pourcentages d'erreurs très acceptables. Chaque modèle consomme donc les ressources de chacun des ateliers dans des proportions stables. Ainsi, P1 correspond approximativement à 1,1 PR ; P2 à 1,25 PR ; F2 à 3,2 PR. Autrement dit, la production de 1 000 P1 peut être évaluée à 1 100 PR, celle de 500 P2 à 625 PR, celle de 400 F2 à 1 280 PR, etc.

Le système proposé à GPME consisterait donc, pour toute commande d'un modèle, à l'évaluer en unité PR, cette évaluation pouvant être réalisée dans le cadre d'une réunion des chefs d'atelier. Par un effet d'apprentissage, la précision s'améliorerait progressivement. Le coût de fabrication serait alors celui de l'unité GP (ici une PR) multiplié par le coefficient GP du modèle considéré.

Cette méthode repose sur des hypothèses simplificatrices qu'il convient de bien identifier :

– la moyenne calculée est une moyenne arithmétique des indices ; elle n'est pas pondérée par les poids relatifs des différentes étapes ;

– cette moyenne est par ailleurs calculée à partir des temps de production des différents modèles, elle ne tient donc pas compte des coûts horaires. Or le coût de l'heure de découpe faisant intervenir du matériel important est nettement supérieur à celui du montage ou de l'emballage.

Ces hypothèses simplificatrices sont sans effet significatif tant que les modèles consomment effectivement les ressources de ces étapes dans les mêmes proportions. Cette méthode serait en revanche inapplicable pour un modèle ne respectant pas ces hypothèses, c'est-à-dire présentant des proportions très différentes des diverses étapes de production. Il ne peut en effet y avoir de compensation, par exemple, entre des temps de découpe et de montage.

Plan du travail à accomplir par le stagiaire

1. Explication de la méthode au chef d'entreprise et aux chefs d'atelier. Validation de l'applicabilité générale de celle-ci auprès d'eux.

2. Calcul du coût d'une heure de travail à partir des données issues de la comptabilité générale et des temps de travail par référence aux données antérieures. Estimation des corrections à apporter pour actualiser ces données.

3. Élaboration d'une fiche de coût pour les commandes pour lesquelles la méthode est applicable.

Références de la commande:	
Nombre de produits :	A
Unité PR	B
Coût de l'unité PR	C
Coût de fabrication	$A \times B \times C$
Coût des matières	D
Coût total	$A \times B \times C + D$

4. Proposition de l'adjonction de coefficients de majoration ou de minoration pour les modèles ne respectant pas les hypothèses de la méthode GP.

5. Détermination du mode de suivi ultérieur :

– calcul mensuel de la production évaluée en unité PR ;

– actualisation régulière du coût de l'unité PR.

Vous trouverez des éléments de révision sur le rôle de l'environnement socio-économique des organisations sur le contrôle de gestion dans l'ouvrage Comptabilité de gestion, *chapitre 4.*

Le cabinet FSEC

Le cabinet FSEC (Fiduciaire des sciences et études comptables) est un cabinet d'expertise comptable de taille moyenne qui emploie 13 collaborateurs. Son responsable estime que l'adage généralement appliqué à certaines professions (« les cordonniers sont les plus mal chaussés ») n'a aucune raison de l'être à la profession comptable. Il vous charge donc de mettre en place un système de prévision et de contrôle de gestion fondé sur les travaux de l'Institut français des experts-comptables. Vous êtes chargé(e) dans un premier temps d'élaborer un budget annuel à partir de données concernant le cabinet et de données professionnelles.

Vous présenterez à la fois :

– un budget « analytique » c'est-à-dire par niveau de collaborateur permettant pour chacun d'eux de faire ressortir :

- les honoraires bruts facturés,
- le coût salarial,
- la marge d'apport (honoraires bruts facturés – coût salarial) ;

– et une synthèse (sous forme de compte de résultat simplifié) pour l'ensemble du cabinet.

Vous commenterez succinctement les hypothèses retenues et notamment celle concernant les charges de structure.

Données concernant le cabinet

Les dossiers détenus par la FSEC – qui correspondent aux trois types de missions usuellement réalisées par les membres de l'ordre : tenue, surveillance et audit – « saturent » les possibilités actuelles de production de la FSEC, c'est-à-dire que le développement de celle-ci est limité par le recrutement de collaborateurs qualifiés et non par la demande. En conséquence, le chiffre d'affaires est uniquement déterminé par les heures facturées. Il y a lieu cependant de tenir compte du coefficient d'activité et du taux de facturation propre à chaque niveau de collaborateur.

Le personnel de la FSEC s'analyse ainsi :

Niveau	Effectif budgété	Rémunération mensuelle brute individuelle budgétée
1. Chef de service	1	2 500
2. Chef de groupe	1	2 000
3. Assistant analyste	2	1 200
4. Assistant confirmé	3	800
5. Assistant de cabinet	4	600
Secrétaire	1	800
Dactylo	1	600

L'expert-comptable responsable du cabinet est le niveau 1 figurant dans ce tableau.

Il y a 13 mois payés dans l'année.

Le taux de charges sociales patronales s'élève à 40 % des salaires bruts.

L'horaire hebdomadaire de travail est de 39 heures.

Le nombre de jours travaillés dans l'année est de 227.

Données professionnelles standard

Le taux de facturation horaire de chaque collaborateur est déterminé par son niveau et plus précisément par son salaire brut mensuel (sans tenir compte d'un 13ᵉ mois) conformément aux usages professionnels.

La facturation horaire normale s'établit à 2,1 % pour la FSEC.

Un salarié dont le salaire brut est de 1 000 est facturé : 1 000 × 2,1 % = 21 € de l'heure aux clients.

Toutes les heures travaillées ne sont pas facturées aux clients (temps consacré à la gestion du cabinet, à la formation, etc.). Selon les usages de la profession, on détermine des coefficients d'activité (ou coefficients d'heures facturables) calculés par le rapport :

$$\frac{\text{Heures facturables} \times 100}{\text{Heures travaillées (ou payées)}}.$$

Pour la FSEC on retiendra les taux suivants qui correspondent à une moyenne professionnelle.

Niveau	Coefficients d'activité
1. Chef de service	50 %
2. Chef de groupe	70 %
3. Assistant analyste	80 %
4. Assistant confirmé	85 %
5. Assistant de cabinet	90 %
Secrétaire	20 %
Dactylo	80 %

Au niveau global du cabinet, le résultat tiendra compte :

– des marges d'apport des collaborateurs ;

– des frais de structure (charges externes, charges financières, dotations aux amortissements, etc.) qui peuvent être estimés à 25 % du chiffre d'affaires net (données professionnelles moyennes) ;

– d'un malus global (réduction sur honoraires, impayés, etc.) égal à 8 % du chiffre d'affaires.

*

* *

Satisfait de ce premier travail, le responsable de la FSEC vous charge – un an après – d'effectuer le contrôle de la « production » et l'analyse des écarts entre les réalisations et les prévisions.

L'activité, l'effectif et les rémunérations brutes réels sont donnés par le tableau ci-après.

Niveau	Effectif réel	Rémunération brute mensuelle	Nombre d'heures facturées par an
1. Chef de service	1	2 500	1 062
2. Chef de groupe	1	2 000	1 150
3. Assistant analyste	2	1 200	3 010
4. Assistant confirmé	4	760	5 665
5. Assistant de cabinet	4	650	6 374
Secrétaire	1	800	354
Dactylo	1	600	1 416
Total	14		19 031

Les taux de facturation pour chaque niveau de collaborateur ont été ceux prévus au budget.

Il y a eu 8 500 € de réductions sur honoraires, impayés, etc.

Les charges de structure se sont élevées à 90 000 €.

Les charges sociales patronales ont été de 40 %.

• Présenter un tableau permettant une comparaison du budget avec le réel.

• Présenter un compte de résultat (sous la même forme que dans la première partie) permettant une comparaison du budget avec le réel.

• Analyser et expliquer les écarts afin de justifier et d'expliquer l'écart sur résultat.

• Analyser l'écart sur marge brute (somme des marges d'apport par niveau de collaborateur) en distinguant :

– l'effet d'effectif,

– l'effet d'activité,

– l'effet de modification des coûts (rémunération des collaborateurs).

• Analyser les autres écarts.

• Présenter sous la forme d'un tableau ou d'un schéma un récapitulatif des différents écarts mettant en évidence que leur somme algébrique est égale à l'écart sur résultat.

• Commenter l'intérêt de la mise en place d'un tel système de contrôle de gestion pour la FSEC et les effets qu'il peut induire.

(D'après sujet d'examen.)

Éléments de corrigé

Les éléments en gras sont issus de l'énoncé. Tous les autres éléments sont calculés.

Budget de la FSEC

Niveau	Effectif budgété	Rémunération mensuelle	Taux horaire facturé	Coefficients d'activités	Nombre d'heures facturées par an	Honoraire brut	Coût salarial	Marge d'apport
Niveau 1	1	**2 500**	52,5	**50%**	885	46 478,3	45 500	978,3
Niveau 2	1	**2 000**	42,0	**70%**	1 239	52 055,6	36 400	15 655,6
Niveau 3	2	**1 200**	25,2	**80%**	2 833	71 390,6	43 680	27 710,6
Niveau 4	3	**800**	16,8	**85%**	4 515	75 852,5	43 680	32 172,5
Niveau 5	4	**600**	12,6	**90%**	6 374	80 314,4	43 680	36 634,4
Secrétaire	1	**800**	16,8	**20%**	354	5 949,2	14 560	– 8 610,8
Dactylo	1	**600**	12,6	**80%**	1 416	17 847,6	10 920	6 927,6
Total	13				17 617	349 888,3	238 420	111 468,3

Explications

Taux horaire facturé : rémunération mensuelle × taux horaire de facturation (2,1 %).

Nombre d'heures travaillées par an : 39 / 5 × 227 = 1 770,6.

Nombre d'heures facturées par an : effectif × nombre d'heures travaillées × coefficient d'activité.

Honoraire brut : taux horaire × nombre d'heures facturées.

Coût salarial : effectif × rémunération mensuelle × 13 mois payés × (1 + taux de charges patronales).

Compte de résultat prévisionnel

Charges de personnel	238 420	Chiffre d'affaires brut	349 888,3
Charges de structure	80 474,3	Malus global (8 % du CA)	– 27 991,1
	318 894,3	Chiffre d'affaires net	321 897,2
Résultat	*3 002,9*		

Tout d'abord, il faut signaler que beaucoup des hypothèses retenues pour élaborer le budget de la FSEC sont des données professionnelles standard, correspondant vraisemblablement à des moyennes (pondérées ou non) calculées pour tous les cabinets. Or celles-ci ne concernent pas les évolutions de l'environnement mais le fonctionnement même du cabinet (taux de facturation horaire, taux d'activité). On imagine donc que, selon la taille, le partage des activités, la structure du cabinet ou même la période de l'année, ces éléments sont susceptibles de varier fortement. Un contrôle budgétaire fondé sur l'analyse des écarts risque donc de mettre en évidence des « dérives » correspondant uniquement à des variations normales autour de la moyenne professionnelle.

Par ailleurs, et pour ce qui concerne les charges de structure, l'approximation est là encore un peu grossière et risque de générer des écarts sans fondements véritables. Il aurait peut-être été plus pertinent de proposer une approximation de niveau de charges de structure, par exemple :

Montant du chiffre d'affaires *Ou nombre de collaborateurs...* *Ou nombre de dossiers...*	< 100 000	De 100 000 à 200 000	De 200 000 à 400 000	De 400 000 à 800 000	> 800 000
Montant des charges de structure	20 000	60 000	80 000	120 000	150 000

Réalisations

Niveau	Effectif réel	Rémunération mensuelle	Taux horaire facturé	Coefficients d'activité	Nombre d'heures facturées par an	Honoraire brut	Coût salarial	Marge d'apport
Niveau 1	1	**2 500**	52,5	60 %	**1 062**	55 755	45 500	10 255
Niveau 2	1	**2 000**	42,0	65 %	**1 150**	48 300	36 400	11 900
Niveau 3	2	**1 200**	25,2	85 %	**3 010**	75 852	43 680	32 172
Niveau 4	4	**760**	16,8	80 %	**5 665**	95 172	55 328	39 844
Niveau 5	4	**650**	12,6	90 %	**6 374**	80 312,4	47 320	32 992,4
Secrétaire	1	**800**	16,8	20 %	**354**	5 947,2	14 560	- 8 612,8
Dactylo	1	**600**	12,6	80 %	**1 416**	17 841,6	10 920	6 921,6
Total	14				19 031	379 180,2	253 708	125 472,2

Explications

Taux horaire facturé : taux horaire de facturation budgété (voir énoncé).

Coefficient d'activité : (nombre d'heures facturées / effectif) / nombre d'heures travaillées par an.

Compte de résultat réel

Charges de personnel	253 708	Chiffre d'affaires brut	379 180,2
Charges de structure	**90 000**	Malus global	**- 8 500**
	343 708	Chiffre d'affaires net	370 680,2
Résultat	*26 972,2*		

Mise en évidence des écarts

Niveau	Écart sur effectif	Écart sur rémunération	Écart sur taux facturé	Écart sur coefficient d'activité	Écart sur heures facturées	Écart sur honoraires bruts	Écart sur coût salarial	Écart sur marge d'apport
Niveau 1	0	0	0	10 %	177	9 276,8	0	9 276,8
Niveau 2	0	0	0	- 5 %	- 89	- 3 755,6	0	- 3 755,6
Niveau 3	0	0	0	5 %	177	4 461,4	0	4 461,4
Niveau 4	1	- 40	0	- 5 %	1 150	19 319,5	11 648	7 671,5
Niveau 5	0	50	0	0 %	0	0	3 640	- 3 640
Secrétaire	0	0	0	0 %	0	0	0	0
Dactylo	0	0	0	0 %	0	0	0	0
Total	1				1 414	29 302	15 288	14 010

Écart sur charges de personnel	15 288	Écart sur chiffre d'affaires brut	29 291,9
Écart sur charges de structure	9 525,7	Écart sur malus global	19 491,1
	24 813,7	Écart sur chiffre d'affaires net	48 783
Écart sur résultat	*23 969,3*		

L'écart sur résultat est très favorable puisqu'il s'élève à 23 969, soit un résultat réel près de 9 fois supérieur au résultat prévisionnel. Cet écart s'explique :

– par un accroissement important du chiffre d'affaires : + 29 292 ;

– par une diminution forte du malus global qui ne représente que 2 % du chiffre d'affaires alors que le budget prévoyait un niveau de 8 % ;

– par un accroissement des charges (structure et personnel).

Écart sur résultat : 239 693 (favorable) = → écart sur charges de structure : 9 526 (défavorable)
→ écart sur malus global : 19 491 (favorable)
→ écart sur marge brute : 14 004 (favorable)

Les écarts sur charges de structure et sur malus global, bien que très importants en volume, ne feront vraisemblablement pas l'objet de la même attention que l'écart sur marge brute. En effet, on peut imaginer, ainsi que nous le soulignions précédemment, qu'ils sont en grande partie dus au fait que les prévisions ont été établies sur des données professionnelles standards qui sont peut-être mal adaptées à ce cabinet particulier. Si cette hypothèse est confirmée par le responsable de la FSEC, alors il faudra revoir les éléments du budget pour établir des prévisions plus proches de la réalité de la FSEC afin de ne pas reconduire ces écarts « sans signification » à l'avenir.

En revanche, l'écart sur marge brute doit être analysé plus précisément pour mettre en évidence les grands enseignements qu'il est possible d'en tirer pour l'activité du cabinet.

Pour la secrétaire et la dactylo, aucun écart à signaler : les effectifs, rémunérations et heures facturées demeurent conformes aux prévisions.

Pour les niveaux 1, 2 et 3, il existe une seule cause de formation de l'écart : le nombre d'heures facturées puisque les effectifs et les rémunérations sont les mêmes. Le chef de service et les assistants analystes ont vu leurs coefficients d'activité augmenter alors que le chef de groupe voyait le sien diminuer. On mesure ici l'effet à court terme sur la marge du cabinet mais il faut être attentif également aux conséquences à plus long terme. Par exemple, avec un coefficient d'activité de 85 %, les assistants analystes consacrent pratiquement tout leur temps à des activités facturées aux clients. À court terme, ceci est profitable à la marge du cabinet mais constitue peut-être un risque à moyen ou à long terme si ce sont les activités de formation, de documentation ou de prospection qui en souffrent.

Au niveau 5, la diminution de contribution à la marge des assistants de cabinets est liée à une augmentation des coûts salariaux mensuels de 50, ce qui se traduit annuellement par une augmentation globale de : 50 × 4 assistants × 13 mois × 1,4 pour les charges patronales = 3 640.

Au niveau 4, l'augmentation de contribution à la marge des assistants confirmés s'explique par la conjugaison de trois facteurs. L'effet d'effectif peut être valorisé par la contribution prévisionnelle de chaque assistant, soit : 32 172,5 / 3 assistants = 10 724,2. Ce qui signifie que, si le budget avait été strictement respecté, l'embauche d'un assistant supplémentaire aurait généré une marge additionnelle de 10 724,2. Cette variation de marge doit être corrigée par deux éléments : la diminution du coût salarial unitaire (qui signifie que le nouvel assistant est moins payé que les trois anciens) et la diminution du chiffre d'affaires facturé liée à la baisse du taux d'activité de 5 %, soit :

Un assistant supplémentaire	Prévisionnel	Réel	Écart
Nombre d'heures facturées	1 505 heures (4 515 heures / 3 assistants)	1 150 heures	
Prix horaire facturé	16,8	16,8	
CA facturé	25 284,2 (75 852,5 / 3 assistants)	19 319,5	– 5 964,7
Coût salarial	14 560 (436 800 / 3 assistants)	11 648	– 2 912
Marge par assistant	10 724,2	7 671,5	– 3 052,7

Niveau	Écart sur marge	Effet d'effectif	Effet de coûts de rémunération	Effet d'activité (heures facturées)
Niveau 1	9 276,8	0	0	9 276,8
Niveau 2	– 3 755,6	0	0	– 3 755,6
Niveau 3	4 461,4	0	0	4 461,4
Niveau 4	7 671,5	10 724,2	2 912	– 5 964,7
Niveau 5	– 3 640	0	– 3 640	0
Secrétaire	0	0	0	0
Dactylo	0	0	0	0

La mise en place d'un tel système de contrôle de gestion peut être intéressante et dans un cabinet comme la FSEC puisque ce système permet de décomposer de façon analytique l'écart sur résultat en mettant en évidence chacune des causes de formation de l'écart et en en chiffrant l'importance.

Nous avons ainsi vu, dans cet exemple, que des éléments propres au système prévisionnel pouvaient être mis en cause et devaient de ce fait entraîner une révision des éléments prévisionnels. Nous présumons que c'est le cas des charges de structure ou du malus global. Mais d'autres éléments, traduisant directement l'activité du cabinet au cours de la période analysée, peuvent être mis en évidence et entraîner d'éventuelles corrections. En ce sens, il s'agit d'un outil du système d'information de gestion qui permet d'accroître la visibilité sur la bonne marche de l'organisation, de piloter celle-ci et de mettre en place des actions correctives.

On ne peut cependant négliger les effets induits par un tel système. Il n'est ainsi pas neutre de parler de « coefficient d'activité » pour évoquer le temps facturé aux clients. Si c'est là le seul indicateur sur lequel sont jugés les collaborateurs, toutes les activités de soutien, de préparation ou de documentation risquent de disparaître à terme, entraînant la perte de la maîtrise du métier lui-même. On risque également de voir la secrétaire démotivée par le fait que sa contribution au travail des uns et des autres n'est pas mise en valeur, puisque non facturée aux clients.

Vous trouverez des éléments de révision sur les facteurs de contingence du contrôle de gestion dans l'ouvrage Comptabilité de gestion, *chapitre 4.*

L'entreprise en réseau

L'entreprise Baudet est un grand transporteur français, travaillant exclusivement sur le territoire national. Ses clients sont principalement des entreprises qui lui demandent d'assurer l'enlèvement, le transport et la livraison à leurs propres clients, lesquels peuvent être d'autres entreprises mais aussi des particuliers.

L'organisation de l'entreprise Baudet

En dehors de son siège social, l'entreprise comprend des agences et des plates-formes.

- Les agences

Il en existe une par département ; sur ce territoire chaque agence dispose d'un monopole interne. Chaque agence est à la fois une entité commerciale et opérationnelle. Au niveau commercial, les fonctions d'une agence consistent à prospecter la clientèle, à négocier les conditions (tarifs, délais, etc.), à facturer et assurer le travail administratif (suivi des marchandises, règlements des clients, etc.). Au niveau opérationnel, l'agence doit réaliser le ramassage des marchandises de ses clients et en assurer la livraison directe si celle-ci doit avoir lieu dans le département ou l'expédition vers une autre agence ou une plate-forme pour les livraisons plus éloignées.

- Les plates-formes

Il en existe dix sur l'ensemble du territoire national, chacune correspond à une grande région économique et est rattachée à l'agence la plus proche. Leur fonction s'apparente à celle d'un centre de tri : réception de marchandises originaires des différentes agences ou plates-formes et réexpédition vers les autres.

Le processus de ramassage-livraison

La politique des flux tendus et de zéro stock de ses clients met également l'entreprise Baudet, comme ses concurrents, sous tension.

Ses clients industriels exigent généralement un ramassage en fin de journée (après la production), l'agence trie ces marchandises puis les charge dans des camions semi-remorques qui, dans la première moitié de la nuit, les transportent vers les plates-formes. Là, un tri est opéré et chaque semi-remorque est à nouveau chargé des marchandises à livrer dans la zone de son agence de rattachement. Le matin, chaque agence reçoit les marchandises issues des autres agences et en assure la livraison aux destinataires. Normalement le cycle est inférieur à une journée.

Les questions de la direction générale

L'entreprise Baudet souhaite organiser son contrôle de gestion selon une structure en centres de responsabilité (centres de profit pour les agences et centres de coût pour les plates-formes). Au niveau de la direction générale, deux logiques s'affrontent : l'une, commerciale, souhaite accorder la priorité à la fonction commerciale et bien mesurer les performances des agences en ce domaine ; l'autre, davantage marquée par la « production », souhaite ne pas favoriser les agences qui, de par leur situation géographique, ont peu de clients mais réalisent beaucoup de livraisons ; par ailleurs les partisans de cette logique souhaitent mettre l'accent sur la qualité des services.

Proposer des solutions, analyser leurs avantages et leurs inconvénients, identifier les problèmes à résoudre.

Éléments de corrigé

L'activité de transporteur est typique d'une structure en réseau, laquelle génère des problèmes spécifiques, notamment en contrôle de gestion, du fait des très forts liens d'interdépendance entre les différentes entités. L'organisation en centres de responsabilité y est à la fois logique, chaque entité dispose d'une large autonomie de gestion, mais aussi délicate du fait des interdépendances. Plus que pour d'autres types d'organisation, la problématique selon laquelle l'optimum global peut différer de la somme des optimums partiels ou locaux doit y être posée.

L'optique commerciale

Dans cette optique, chaque agence constitue un centre de profit dont le compte de résultat se présente sous la forme suivante :

- Produits :

– tout le chiffre d'affaires réalisé avec ses clients (ceux pour lesquels elle réalise à la fois le démarchage commercial et les ramassages) ;

– les prestations internes réalisées pour les autres agences (livraisons).

- Charges :

– toutes ses charges propres ;

– les coûts des prestations internes réalisées pour ses clients par les autres agences (livraisons).

Les plates-formes constituent des centres de coût.

Les prestations internes doivent être évaluées au coût, c'est-à-dire sans tenir compte d'une marge pour le vendeur.

Les problèmes posés par cette conception :

– Difficulté pour déterminer des « bons » prix de cession et surtout pour recenser les coûts correspondants ; dans ses propositions tarifaires aux clients, l'agence ayant obtenu l'affaire aura tendance à sous-estimer les coûts de livraison. Les conflits internes risquent d'être nombreux, et les agences qui sauront bien négocier les prestations internes apparaîtront performantes.

– Chaque agence aura tendance à accorder la priorité à ses propres clients (le ramassage) au détriment de ceux des autres agences, pour lesquels elle effectue la livraison mais ne réalise pas de marge ; il pourra en résulter des problèmes de qualité.

– Les agences qui sont structurellement davantage chargées des livraisons que des expéditions apparaîtront sous-performantes, ce qui pourra engendrer une perte de motivation de leur part.

L'optique de production

Dans cette conception, la livraison est considérée comme aussi importante que l'obtention d'un client et autant valorisée. Chaque agence peut cependant constituer un centre de profit construit sur le même type de modèle que dans l'optique commerciale mais les cessions internes sont valorisées pour accorder une marge à l'agence distributrice. Le partage de marge peut, par exemple, être égalitaire entre l'expédition et la livraison.

Les problèmes posés par cette conception sont les suivants :

– peu de motivation commerciale ;

– même difficulté pour évaluer les prestations internes et les recenser.

Conclusion

Définir des systèmes de gestion dans une structure en réseau est toujours très difficile. Aucun système ne présente que des avantages, dans la réalité certaines entreprises font le choix de l'optique commerciale, d'autres celle qualifiée ici de « production ». La culture dominante est déterminante ainsi que le positionnement stratégique de l'entreprise : l'optique de « production » favorisera la qualité (la valorisation des livraisons incitera davantage à les réaliser dans de bonnes conditions) ; inversement, l'optique commerciale incitera à davantage chercher des volumes.

Par ailleurs, le système de contrôle de gestion ne doit pas être exclusivement comptable ; il doit également comporter des tableaux de bord prenant en compte des indicateurs physiques (tonnages, indicateurs de productivité, etc.) et qualitatifs (nombre de réclamations, etc.).

Vous trouverez des éléments de révision sur la comptabilité et le contrôle de gestion dans les réseaux dans l'ouvrage Comptabilité de gestion, *chapitre 4, section 4.*

La société Kho Tao[1]

La société Kho Tao est une société de restauration rapide qui compte 850 enseignes en France réparties dans 410 villes. 700 de ces unités sont possédées par des locataires-gérants, les 150 autres étant gérées en direct par la société Kho Tao.

Un point de vente nécessite en moyenne un investissement de départ de l'ordre de 500 000 euros (hors immobilier), couvrant l'aménagement intérieur et l'équipement des cuisines. Il emploie une cinquantaine de personnes.

Le chiffre d'affaires moyen s'élève à 2 millions d'euros pour une rentabilité moyenne de 8 % du chiffre d'affaires.

C'est l'enseigne (la société Kho Tao) qui prend en charge la totalité des investissements immobiliers et reste propriétaire ou locataire des murs. Le locataire-gérant, quant à lui, finance, outre les équipements mobiliers, les frais de formation des équipes et ceux de publicité liés à l'ouverture du restaurant.

Un contrat est signé entre l'enseigne et ses franchisés ; il aborde les droits et obligations réciproques des deux parties :

• L'enseigne fournit une assistance et un savoir-faire en termes de marketing et de conseil en restaurant :

– assistance pour l'implantation du point de vente ;

– étude de marché antérieure à cette implantation ;

– assistance sur les techniques de commercialisation (opérations promotionnelles et publicitaires) ;

1. Ce cas est inspiré de monographies développées dans la thèse de Jean-Luc Petitjean, « Frontières de la firme et contrôle interorganisationnel », université de Reims Champagne-Ardennes, 2001.

– mise en place et utilisation du système d'information ;

– conception de tableaux de bord ;

– assistance à la gestion du personnel, notamment pour l'organisation des équipes.

• Le locataire-gérant s'engage à respecter les normes de fabrication ainsi que les méthodes de gestion des marques déposées de Tho Kao. Il dispose pour cela d'un « manuel de procédures » abordant la gestion du restaurant dans la plupart des domaines : composition des produits, temps de service au client, description des opérations de nettoyage, planification des horaires de travail, etc. Le respect des procédures décrites est contrôlé *a posteriori* par des conseillers régionaux (« inspecteurs »), des clients mystères et des enquêtes auprès de la clientèle.

• Il s'acquitte des divers droits liés au franchisage : une caution de 15 000 euros, un droit d'entrée de 40 000 euros, une redevance de 5 % du chiffre d'affaires (au titre du droit à l'utilisation de l'enseigne), une redevance de 4,5 % du chiffre d'affaires (pour les actions de publicité et de communication gérées par un groupement d'intérêt économique regroupant l'ensemble des restaurants) et une redevance de 15 % du chiffre d'affaires (représentant le loyer de l'immeuble abritant le restaurant).

• Il s'engage enfin à respecter le droit de contrôle de l'enseigne, le refus d'un responsable d'unité de se soumettre au contrôle pouvant justifier la résiliation du contrat ou le retrait de l'unité.

Les différents domaines de prises de décision sont organisés comme suit :

– Le locataire-gérant est autonome pour le recrutement et la gestion de son personnel. Il finance les formations dispensées à son personnel par l'enseigne.

– Les prix de vente sont librement fixés par le locataire-gérant mais, en pratique, ils ne diffèrent que très peu de ceux préconisés par l'enseigne.

– Le choix du matériel informatique est réalisé librement par le locataire-gérant, sous réserve de compatibilité avec celui de l'enseigne afin de faciliter les échanges d'informations.

– Les matières et denrées entrant dans la composition des menus doivent être obligatoirement acquises auprès des fournisseurs référencés par l'enseigne.

– L'assortiment est défini par l'enseigne et s'impose aux locataires-gérants.

– L'agencement du restaurant doit être conforme à l'agencement type défini par l'enseigne.

– Les actions de communication et de promotion sont essentiellement nationales et développées par l'enseigne.

Sur le plan du contrôle, la fixation des objectifs relève conjointement de l'enseigne et du locataire-gérant. Les objectifs sont d'une part de nature financière (chiffre d'affaires, marge, résultat), ils sont alors donnés à titre indicatif par le franchiseur mais leur non-atteinte ne constitue pas un motif de rupture ; et, d'autre part, qualitatifs (qualité de la prestation, satisfaction de la clientèle) et donnant lieu à l'attribution d'une note globale pour le restaurant. De celle-ci dépendent directement l'autorisation d'exploiter l'enseigne (en cas de note insuffisante un restaurant peut être exclu), le renouvellement du contrat à son terme, et la possibilité pour le locatatire-gérant de prétendre à l'ouverture d'un restaurant supplémentaire.

Le reporting financier porte sur les points suivants :

● Les restaurants fournissent à l'enseigne :

– de façon hebdomadaire : chiffre d'affaires, prix moyen du plateau, productivité horaire, charges de personnel, marge d'exploitation ;

– de façon mensuelle : un compte d'exploitation (modèle « profit and loss account ») ;

– de façon annuelle : les comptes annuels.

● À partir de ces informations l'enseigne élabore des tableaux de bord visant à mettre en évidence, pour chacun des postes, les écarts par rapport aux prévisions, ceux par rapport aux données de la période précédente et ceux par rapport à la moyenne du réseau. L'enseigne suit particulièrement les indicateurs financiers ci-après :

– chiffre d'affaires,

– marge,

– résultat d'exploitation,

– niveau d'endettement,

– niveau de trésorerie,

– niveau des investissements.

Les candidats à la location-gérance sont sélectionnés davantage sur leur capacité d'obéissance et leur aptitude à « entrer dans le moule du système » que sur leurs capacités d'initiative. L'enseigne redoute ainsi beaucoup les candidats ayant déjà exercé le métier de restaurateurs et ayant, par conséquent, acquis une façon de travailler et d'exploiter un restaurant rarement en conformité avec le concept de l'enseigne.

L'enseigne recrute donc avant tout des gestionnaires rigoureux, maîtrisant globalement l'ensemble des aspects liés au bon fonctionnement d'une entreprise individuelle.

Après une première sélection, le candidat va découvrir pendant une cinquantaine d'heures le fonctionnement des restaurants. Si ce premier contact est positif, il deviendra alors stagiaire en restaurant pendant cinq mois au cours desquels il occupera successivement chaque poste constitutif du restaurant, puis stagiaire en qualité de directeur et enfin stagiaire de l'école de formation de l'enseigne aux États-Unis. Au total, la procédure dure près de deux ans et le candidat y consacre environ 2 000 heures non rémunérées avant de se voir « attribuer » un restaurant.

Les locataires-gérants assistent régulièrement à des réunions, des congrès, des groupes de réflexion, des cours et des séminaires visant à diffuser les informations mais surtout à entretenir « l'esprit maison ».

Après avoir décrit les particularités de cette situation par rapport à celle d'une entreprise « classique » organisée autour de centres de responsabilité, vous montrerez les conséquences de ces spécificités sur le système de contrôle et les mécanismes de contrôle mis en œuvre.

Éléments de corrigé

Nous nous situons ici dans une rationalité interorganisationnelle, et non intraorganisationnelle. Les restaurants constituent en effet des entreprises juridiquement indépendantes, qui échappent donc au pouvoir hiérarchique de contrôle qu'exerce habituellement la direction générale d'une entreprise sur les centres de responsabilité. Cette situation conduit l'enseigne à mettre en œuvre tous les mécanismes de contrôle à sa disposition pour orienter le comportements d'agents sur lesquels elle n'a pas de pouvoir hiérarchique.

Les processus de contrôle mis en œuvre par l'enseigne portent beaucoup plus sur l'atteinte d'objectifs commerciaux que sur les performances financières des restaurants.

La dimension bureaucratique et formalisée du contrôle existe essentiellement sur les éléments opérationnels de l'exploitation, beaucoup moins en matière de suivi des performances comptables : la formalisation *a priori* est ainsi très importante dans les domaines touchant au produit et au service ; elle est en revanche beaucoup moins développée dans les domaines juridiques et comptables.

Ceci s'explique par les spécificités de cette activité. Ce qui fait la valeur du réseau pour les clients c'est de savoir qu'ils vont pouvoir se procurer, où qu'ils se trouvent, les mêmes produits, de même qualité, offerts avec un même niveau de service. La valeur d'un restaurant provient donc essentiellement de la notoriété de l'enseigne qui, elle-même, résulte de la somme des prestations réalisées chaque jour dans les 850 restaurants. Il y a donc une mutualisation de la ressource externe la plus importante, celle qui constitue le facteur clé de succès essentiel : la notoriété de la marque. Il est par conséquent nécessaire de s'assurer que chacun gère au mieux ce bien commun, ce qui explique la standardisation extrême des procédures et les mesures de contrôle formel sur les aspects opérationnels.

Par ailleurs, la forme contractuelle de location-gérance donne à l'enseigne la possibilité de s'appuyer sur des responsables motivés parce qu'incités financièrement. Cette incitation est accrue par les sommes importantes que doivent verser les locataires-gérants pour entrer dans le réseau et financer les investissements. Ils sont donc incités à fournir un effort maximal de développement de leur activité afin d'amortir le plus rapidement possible cette dotation initiale. C'est d'ailleurs confirmé par le fait que l'enseigne ne prévoit pas de sanction en cas de non-respect des objectifs à caractère financier : ceux-ci sont placés sous la responsabilité directe des locataires-gérants qui supportent les conséquences de leur non-respect éventuel. Il y a donc ici une forme d'autocontrôle individuel de chacun des locataires-gérants sur sa propre activité.

La motivation financière de ces locataires-gérants, qui agissent comme des commerçants « indépendants », permet à l'enseigne d'avoir une maîtrise du réseau forte en dépit de mécanismes de contrôle formels relativement allégés. Cette forme indirecte de contrôle par l'incitation et la motivation permet d'amenuiser considérablement les procédures de contrôle et, par conséquent, d'en diminuer un coût nécessairement important dès lors que le réseau s'accroît numériquement et géographiquement.

Le contrôle est enfin renforcé par une dimension « sociale » et « comportementale » au travers des procédures de recrutement, de la standardisation des qualifications et de la mise en œuvre de mécanismes de socialisation puissants qui constituent des formes d'autocontrôle collectif. L'aspect clanique est très fort et il est entretenu par les rencontres organisées régulièrement entre les locataires-gérants, visant à maintenir et renforcer les valeurs de l'enseigne.

Le contrôle comporte également une dimension de subordination des restaurants à l'enseigne, liée au sentiment qu'ont les locataires-gérants de bénéficier de l'expertise, du savoir-faire et de la qualité du concept de l'enseigne, la performance d'un restaurant étant liée à la fois à son emplacement, à la qualité de sa gestion et à la notoriété de la marque. Cette dimension vient accroître la légitimité du contrôle et renforcer le pouvoir d'influence de l'enseigne.

Légitimité du contrôle contractuel et économique

Nous avons vu que l'enseigne maîtrisait fortement les décisions touchant à la gestion des restaurants, soit au travers de directives très strictes, soit parce que les locataires-gérants s'en remettaient volontairement à son expérience et à celle du réseau.

La légitimité de ce type de contrôle repose à la fois sur le contrat lui-même mais aussi sur le sentiment partagé par les locataires-gérants qu'il est naturel que l'enseigne contrôle la bonne utilisation des actifs qu'elle leur a confiés (savoir-faire, marque commerciale, notoriété, etc.) et pour lesquels ils bénéficient des effets d'apprentissage du réseau.

Il existe par ailleurs une certaine subordination économique puisque les unités s'en remettent, pour de nombreux domaines, à l'expertise de l'enseigne et que cette dernière reste propriétaire du terrain et des locaux abritant le restaurant.

Vous trouverez des éléments de révision sur la comptabilité et le contrôle de gestion dans les réseaux dans l'ouvrage Comptabilité de gestion, *chapitre 4, section 4.*

Table des matières

Entre parenthèses figure(nt) le(s) thème(s) abordé(s) par l'application proposée.

Avant-propos 1

Chapitre 1. - DÉFINITION D'UNE POLITIQUE DE PRIX 3

QCM 5
Éléments de corrigé 8

Applications 11
Le garage Koumac (prestations réciproques entre centres d'analyse) 11
Éléments de corrigé 11

L'entreprise Ouvéa (prestations réciproques entre centres d'analyse) 12
Éléments de corrigé 13

Le voyage en Guyane (évaluation des stocks) 13
Éléments de corrigé 14

L'entreprise Zedlyse (coûts complets et méthode des centres d'analyse) 15
Éléments de corrigé 16

La cafétéria de l'École des affaires (coûts complets et méthode des centres d'analyse) 19
Éléments de corrigé 21

La scierie Mae Nam (coûts complets et limites) 24
Éléments de corrigé 26

Monsieur Kourou (coûts directs, coûts indirects et coûts spécifiques) 29
Éléments de corrigé 30

L'entreprise Ocotal (coûts variables et seuil de rentabilité) 30
Éléments de corrigé 31

La société Abysse (coûts variables et seuil de rentabilité) . . . 32
Éléments de corrigé . . . 33

L'entreprise Williamson (coûts partiels et seuil de rentabilité) . . . 34
Éléments de corrigé . . . 35

Le nouveau percolateur (seuil de rentabilité) . . . 37
Éléments de corrigé . . . 37

Maré (seuil de rentabilité) . . . 39
Éléments de corrigé . . . 39

Les entreprises Suthep (seuil de rentabilité et levier opérationnel) . . . 41
Éléments de corrigé . . . 41

Le marché supplémentaire (coût marginal) . . . 43
Éléments de corrigé . . . 44

La société Maroni (coûts marginaux et différentiels) . . . 46
Éléments de corrigé . . . 46

L'entreprise Brasilito (coûts variables, seuil de rentabilité et coût marginal) . 47
Éléments de corrigé . . . 49

L'entreprise Phitsanulok (tableau des entrées/sorties) . . . 51
Éléments de corrigé . . . 53

Chapitre 2. - MISE SOUS TENSION DE L'APPAREIL DE PRODUCTION . . . 57

QCM . . . 59
Éléments de corrigé . . . 62

Applications . . . 64
L'entreprise Saül (budgets normaux, flexibles et d'imputation rationnelle) . . . 64
Éléments de corrigé . . . 64

L'entreprise Kao (imputation rationnelle des charges fixes) . . . 65
Éléments de corrigé . . . 65

L'entreprise Conchal (imputation rationnelle des charges fixes) . . . 66
Éléments de corrigé . . . 67

L'entreprise Sukhothai (calcul des écarts sur charges directes et sur charges indirectes) . . . 70
Éléments de corrigé . . . 70

L'annuaire des anciens étudiants (calcul des écarts sur charges directes et sur charges indirectes) . . . 75
Éléments de corrigé . . . 76

Cestrel (calcul des écarts sur charges directes et sur charges indirectes) . . . 77
Éléments de corrigé . . . 78

La tonnellerie Max (calcul des écarts sur charges directes et sur charges indirectes) . . . 82
Éléments de corrigé . . . 83

La société Samoonrai (analyse de la valeur) . . . 86
Éléments de corrigé . . . 87

Chapitre 3. - MISE SOUS TENSION DE L'ORGANISATION 89

QCM 91
Éléments de corrigé 94

Applications 96
Zeltronic (coûts d'activité) 96
Éléments de corrigé 99

Le laboratoire photographique (coûts d'activité) 103
Éléments de corrigé 104

L'entreprise Pariacabo (contrôle budgétaire et ses limites) 104
Éléments de corrigé 105

Les ventes de la tonnellerie Max (contrôle budgétaire) 105
Éléments de corrigé 106

La boulangerie industrielle : les précuits surgelés (contrôle budgétaire) 110
Éléments de corrigé 115

Le cabinet Ayutthaya (contrôle budgétaire et gestion des ressources humaines) 117
Éléments de corrigé 119

Le budget base zéro (budget base zéro) 123
Éléments de corrigé 123

L'entreprise Hérédia (prix de cession interne) 124
Éléments de corrigé 125

L'entreprise Arénal (prix de cession interne) 127
Éléments de corrigé 128

L'entreprise Macouria (surplus de productivité globale) 130
Éléments de corrigé 131

La SA Busi (surplus de productivité globale) 132
Éléments de corrigé 135

Les nouveaux hôtels (coûts cachés) 138
Éléments de corrigé 138

L'entreprise Tha Pae (coûts cachés) 139
Éléments de corrigé 140

Chapitre 4. - RÔLE DE L'ENVIRONNEMENT SOCIO-ÉCONOMIQUE 141

Applications 142
Le musée de Struwel (contrôle de gestion dans les organisations publiques) 142
Éléments de corrigé 143

La banque BIC (contrôle de gestion dans les banques) 145
Éléments de corrigé 146

L'entreprise GPME (contrôle de gestion dans les PME) 149
Éléments de corrigé 150

Le cabinet FSEC (contrôle de gestion dans les cabinets d'expertise comptable) 152
Éléments de corrigé 154

L'entreprise en réseau (contrôle de gestion dans les entreprises en réseau) . 159
Éléments de corrigé 160

La société Kho Tao (contrôle de gestion dans les réseaux) 161
Éléments de corrigé 163

Composition : Le vent se lève...
16210 Rioux-Martin

Achevé d'imprimer en France sur les presses
de l'Imprimerie France Quercy
113, rue André Breton, 46001 Cahors
Dépôt légal : avril 2003
Numéro d'impression : 31004

Imprimé en France